Leaves
Publishing

根
以讀者爲其根本

莖
用生活來做支撐

葉
引發思考或功用

果
獲取效益或趣味

生命總會找到出路

找到出路

劉明德・王心慈 ◎ 著

生命總會找到出路

作　　　　者：劉明德、王心慈
出　版　者：葉子出版股份有限公司
發　行　人：宋宏智
企 劃 主 編：萬麗慧、鄭淑娟、林淑雯、陳裕升
媒 體 企 劃：汪君瑜
活 動 企 劃：洪崇耀
責 任 編 輯：姚奉綺
文 字 編 輯：張愛華
美 術 編 輯：泫設計工作室
封 面 設 計：陳杰湘
印　　　務：黃志賢
專 案 行 銷：張曜鐘、林欣穎、吳惠娟
地　　　址：台北市新生南路三段88號7樓之3
電　　　話：(02)2363-5748　傳真：（02）2366-0313
讀者服務信箱：service@ycrc.com.tw
網　　　址：www.ycrc.com.tw
郵 撥 帳 號：19735365　　　戶名：葉忠賢
印　　　刷：鼎易印刷事業股份有限公司
法 律 顧 問：北辰著作權事務所
初 版 一 刷：2004年7月　　新台幣：250 元
I S B N：986-7609-23-9

生命總會找到出路／劉明德,王心慈作.─初版.─
臺北市：葉子,2004〔民93〕
面；　公分.─（忘憂草）
ISBN：986-7609-23-9（平裝）
1.生命教育
528.59　　　　　　　　　93006225

總經銷：揚智文化事業股份有限公司
地址：台北市新生南路三段88號5樓之6
電話：（02）2366-0309　傳真：（02）2366-0310

※本書如有缺頁、破損、裝訂錯誤，請寄回更換

劉序

　　面對當代的社會各種亂象，如道德觀念式微、生命意義模糊等，實用與升學導向之教育體系似乎難以發揮撥亂反正之功能。有鑑於此，整合人生哲學、宗教思想以及道德理念各領域的「生死教育」便愈來愈受到社會各界所期待。為因應此一時代之需求，本書的內容涵蓋了：〈唱出生命的快樂頌〉、〈我！自己的最佳主角〉、〈何為生？何為死？〉、〈只要活著，就有希望〉、〈成就學業，追尋事業〉、〈心靈的大補丸——信仰〉、〈人人心中的那把尺〉、〈個體、群體的良性互動〉、〈打破思想框框的限制〉、〈共同打造美麗新世界〉、〈因應全球化的浪潮〉、〈樂生不畏死，生命有尊嚴〉等主題。

　　盼望本書能使基本的道理，正確的人生觀，及渴求尋得人生意義之心靈，在社會中廣為撒種並發展，並成為這光怪陸離世代中的一股清流，為年輕的生命帶來光明與希望，並藉此使更多人接觸「生死教育」，進而培養對生死有正確的態度，及更達觀而積極進取的人生觀。

　　本書在資料收集及篩選主題定標，格言篩選等方面承蒙張一岑博士（高

雄第一科技大學）及林傑斌先生大力協助，若沒有上述深富綜效的高度整合式有機團隊的通力合作，本書將不可能完成，在此深表謝意。

另外還要感謝辜瓊妮小姐在稿件部分的整理工作，林傑斌先生作了最後統一與審閱的工作，顏靜韻小姐提供了有關大象林旺與馬蘭的資料。

大哉乾元，一元復始，萬象更新，在新的年度開始之際，謹向廣大讀者致以最深的問候。

劉明德

國立台灣大學微生物學研究所碩士

仁德醫護管理專校護理科兼任講師

於台北

王序

　　「生死教育」，顧名思義，是出「生」入「死」這一段有生命的教育，學習從「無來」到「無去」中間這一段自以為「有」的過程。人們在養成教育階段學得的知識並不能拿來說明生命。面對大多數的人對自己生命的不滿意，對人生中必有的「生離死別」、「聚散離合」的走樣對待，甚至對「生命」的視若無睹、麻木不仁，生命教育的重要性不言而喻。

　　「生死教育」不是「忠孝仁愛」的教條，它是要活著的我們細細去體悟的。生命人人都有，但又有誰去透視、去尋找生命的深度、廣度與溫度？每一個人都瞭解生命的本質就在於尊重、珍惜生命。每一個人也都知道世上所有的生物都是相互依存，沒有任何一種生物可以完全不仰賴其他而獨自存活的。但又有誰能真正在生命之前謙卑自省，尊重、珍惜自己的生命，同時尊重、珍惜宇宙天地間其他所有的生命呢？

　　也許我們的日子過得相當辛苦，在心理上，我們一直沒有「受苦」的準備，而在現實生活中，我們的學業、職業、事業，一如家裡的鍋、碗、瓢、盆，料理得一塌糊塗。在這樣捱苦的日子裡，也許我們能換一個角度想一想，光明雖然能讓我們看見許多東西，但也讓我們看不見許多東西。假如沒

有黑夜，我們便看不到天上閃亮的星辰。生活中曾經一度讓我們難以承受的痛苦與磨難，也不會是完全沒有價值的。讓我們從「生命教育」中學會縱然生命中有「使人痛苦的事」，卻沒有「受苦的人」。讓我們因為受教育，再教育而成為一個真正懂得如何去生活的人。

對很多人來說，在活著的時候要他花許多的時間來思考死亡，並隨時準備死亡，是一件很不可思議的事。然而從「生命教育」中，我們可以學習到死亡是一個必然的過程，可以經由學習，訓練而控制。我們可以學習活在死亡的關照中，從中獲得一種活著的「了然」，進而更明白自己「當下的活」。這樣的人生除了能滿足、享受生命之外，在面對死亡時，更能「走」得莊嚴、乃至瀟灑。透過對死亡的認識，我們可以重新思索人生的意義、生存的目的、以及生活的目標。

本書中一篇篇的生命故事，真真實實地發生在你我的周遭。不一樣的生命中諸多的迷惑、掙扎、苦痛與絕望，觸動你我生命的底層。每一個平凡的外表下所展現出來的堅強，毅力與對生命的盼望又教人如此地動容。生命不是一味地受苦。靜心感覺內在生命深處的底蘊，不是活著受苦而已，更在於

將那短暫、有限的生活活出各種不同的滋味。

　　本書承林傑斌先生與張一岑博士鼎力支持與鼓勵，顏靜韻小姐提供了相關資料，辜瓊妮在稿件統一的大力協助，得以順利出版。也因為他在我們的生命幽微曲折處適時協助，我們才得以時時候正、觀照自己的生命。最後，將本書獻給我們的家人，以感謝他們長期的奉獻與支持。

王心慈

於台北

（目錄）CONTENTS

生命的旋律，人人不同，
有人愛唱哭調仔，有人愛唱快樂頌。
不管你唱哪一曲，都要找自己合的調，
奏自己愛的曲，造自己的style。

看重自己，你會發現，
其實自己並非全無是處。
保有自己的特性，做個充滿自信的人，沒有
誰比誰更幸運，也沒有誰比誰更尊貴，你是獨一
無二的你！

達賴喇嘛說：「死亡，如同一面鏡子，
生命的真實意義會反映在那上面，
所以精神的傳統告訴我們要面對自己，
讓自己清淨地活在觀照死亡的感覺中，
活在接近死亡的感覺中，
整理出生活的先後順序，
瞭解無常的真相。」

今天的陽光燦爛，
不代表明天不會下雨。
人生中什麼是我們要掌握？
什麼又是我們要留下的？

（目錄）CONTENTS

唱出生命
的快樂頌

生命的旋律，人人不同，
有人愛唱哭調仔，有人愛唱快樂頌。
不管你唱哪一曲，都要找自己合的調，
奏自己愛的曲，造自己的style。

生命的交響曲

生命可以像是貝多芬的第九號交響曲「快樂頌」在快樂頌的合唱聲中，述說著生命的熱血與困頓、病苦與歡樂。生命可以是一首花之圓舞曲，展現出生命的活力與綺麗色彩。生命也可以是一首吱吱喳喳波爾卡，道盡生命中的喋喋不休、說長道短。生命就是一首交響曲，有大聲、有小聲；有快板、有慢板……，彈奏著從生到死、曲意澎湃的永恆樂章。你（妳）是作曲家、是指揮、也是樂手。

生命的最適節奏

我們觀看一朵玫瑰，從含苞待放到盛開的剎那。我們靜心、凝視著它那怡人的深紅色花瓣中，內藏的純金黃色花蕊。我們可以聽到這樣的聲音：「嗨！放手。不要再干擾，讓生命的韻律在真正的完美中展現。」

早晨，我們看那躍出海面的太陽，經過一個晚上的洗滌、沉澱，冉冉升起。又在傍晚時分，見它以獨有的韻律，緩緩落下，留下滿天的紅。閒暇，偶而一瞥，門前的大樹，從春天的嫩葉到夏天的綠葉，不知何時，變成眼前一地的枯黃。我們恍然，萬物自有它的節奏、規則，與韻律。

約翰克利斯朵夫曾經說過這麼一句話，「有了光明與黑暗的均衡的節奏，有了兒童的生命的節奏，才顯出無窮無極，莫測高深的歲月。」身處在都市叢林中的我們，有了科技，忘了均衡，也許不能想像過去的人類就是大自然的一部分，他們與大自然共存，四季吃不同的蔬果，不同的節令吃不同的食物，他們自由自在地生活，比我們更能領會自然的規則與律動。

心靈不因時空變化而改變
他自有天地
一念之間的力量
可以化地獄為天堂
化天堂為地獄

〜約翰・米爾頓

他們的歲月也許更莫測高深、更耐人尋味。

事實上，在宇宙中，原本就存在著它那絕妙無比的節奏。寒來暑往、秋收冬藏、生老病死、成敗得失。從歷史的軌跡、社會的變遷，以及潛藏在人體內組織活動的週期來看，在不同層次上所彈出來的節奏，各有不同。就拿音樂來作淺顯的解說，若你正在演奏柴可夫斯基的斯拉夫進行曲，忽然有人想聽舒伯特的小夜曲，縱然你心中有千萬個意願、想中途轉換改奏其他的曲子，也是很難改變的。那是因為其中有著一種難以抗拒、不可違背的力量。

與自然節律合而為一

自然和人的生命，關係十分緊密。譬如人的血壓隨著季節、氣溫而有不同的變化。一天中，白天高，夜晚低。一年四季中，冬天高，夏天低。有一份實驗報告說：如果有一個人從氣溫十九度的房間走到另外一個只有八度的房間，即使三十多歲、十分健康的人，由於自律神經所引起的血管收縮，血壓會上升十到二十毫米。

再看看人的睡眠，人們常說：「十二點前的睡眠，其熟睡的程度，比十二點後高出一倍。」這似乎與太陽和地球的運行有著極為緊密的關聯。而事實上，人的熟睡程度，從下午到日落逐漸增高，在深夜十二點左右達到完全熟睡的狀態。之後便急速下降，到早晨四、五點，日出前後降到最低。我們都有過這樣的經驗，偶爾晚上熬夜，白天很想睡一下，然而由於過分的勞累，反而難以睡著。這不僅僅是因為習慣、或噪音、或白天光線強烈，更是因為違反了本來的節奏。

據說，激素的分泌也有規律。成長激素在人睡眠時分泌，副腎皮質激素保持二十四小時的週期。這種所謂概日性的節奏，不僅限於動物，植物方面也常出

現。因為無論宇宙或生命都能聽到這樣清晰、和諧的節奏。

　　由此觀之，世上任何的生命，都與大自然緊密連結在一起。在宇宙的律動中，創造著各自的「主」。世上萬物，都是在那大宇宙絕妙的節奏支配下，不斷地進行著生和死的轉換。而且，大宇宙的這種協調，完全體現、凝聚在作為小宇宙的人的生命中。所謂的節奏，可以說是在宇宙和人的生命相互的運動中，所發出的一種奇妙的共鳴。在都市的文明、日常的喧鬧、內在的紛擾中，讓我們用心去觀照這本來的節奏吧！

依自己的步調調整節奏

　　「早睡早起，定食定量，寧可晨跑，也不晚跑」你我都有過這樣的經驗吧：迎著晨曦、淌著汗水，在操場中一圈一圈慢慢跑。你可曾體會過，在練習長跑時，若剛開始時就拿出短跑的架勢與速度，一時領先，一段時間後，速度必然減慢；隨著體力過度的消耗，愈來愈慢，離終點越近，越需要傾盡全力加速衝刺時，自己已如強弩之末，心有餘而力不足了。這就是沒有把握自己的節奏。如果我們能夠瞭解自己體能的狀況根據自己的耐力和速度，用呼吸吐吶的方法，在一吸一吐的節奏中跑完全程，結果定然和前者不同。

用積極進取奏工作的調

　　工作中的道理也是如此。當你對自己的工作感到好奇，有一種想嘗試的慾望，你就會有工作意願。這時，再用一種積極進取的態度，不管任何事，能做的時候就動手去做，該做的時候一分鐘也不耽擱，工作得心應手，自然會譜出美麗、和諧的旋律。按照這樣

的旋律，堅持下去，工作便會有意想不到的效果。找到你自己的旋律，努力的工作，你就成功地演奏了一曲「灰姑娘」的變奏曲。

用和諧愉快譜生活的曲

不同職業的人，有不同的生活方式。推銷員有推銷員的生活方式，船員有船員的生活方式，生意人有生意人的生活方式，記者有記者的生活方式，人們各自融入自己的工作和生活中。當覺得生活處處灑滿陽光，心中充滿快樂，想把自己的幸福與人分享時，你的生活就已經按著你的節奏律動。不管所奏的曲子是夢幻曲也罷、圓舞曲也罷，都能賞心悅耳。

生命的旋律，人人不同，但是有一些規則還是普遍適用的。首先，得定調。C調、F調得根據自己的實際情況，高一點、低一點在樂譜上關係不大，但是真正要演奏起來，也許就不會像想像中那麼優美了。因此，給自己找個合適的調。其次，旋律得有自己的風格，身體狀況、興趣志向、學業職業，各有偏好，不要被通俗的流行歌曲所左右、所迷惑。不模仿別人，別人也模仿不了，高潮低谷都是自己靈性的體現。

再者，為生命所譜的曲子也許理想，也許讓人滿意，但真正按這個旋律演奏起來，就會發現與現實有些差距。靜心觀察自己的內在節奏，重新改個調，換幾個音符，如此這般，在人生中不斷地修改，不斷地潤飾，展現出來的樂章就會和諧美妙。

生命的節奏，在身體中，在生活中，也在大自然中。讓我們學習與大自然做最真實的接觸。超越知識，超越心靈，投入大自然裡。在與宇宙心跳節拍相符合的那一刻，你會發現，真實的體悟其實存在我們的心中。那一刻是寂靜的。在寂靜中蘊藏著無窮無盡的智慧。

為生命所譜的曲子也許理想，
也許讓人滿意，
但真正按這個旋律演奏起來，
就會發現與現實有些差距。

～生命交響曲

在生命跟前，請謙卑

　　生命是可貴的，綜觀世間萬物，只要一息尚存，幾乎都會努力地想活下去。一棵鬱鬱蒼蒼的大樹，就算被伐木人砍去，只剩根部埋在土裡，幾番雨水滋潤後，又能長出一蓬新綠。樹的生命可以勝過砍伐的刀斧。而人的生命倘若大如高山大海，生活中的悲喜不也就像山嵐水氣，終會消逝。然而，翻開報紙，打開電視，有太多自殺的新聞縈繞耳際。我們不否認，每一個人在遇到自己生命中的痛苦與難關時，難免會悲傷沮喪。但為什麼會有放棄自己的念頭呢？為什麼不能試著把這份痛苦昇華，給自己更多的力量重新出發呢？生命的本質不就在於尊重生命嗎？大自然中的一山一水、一花一木，有著太多的無言之教。難道沒有給我們任何的啟迪嗎？

尊重自己的生命

　　這是十多年前一個真實的小故事。

　　在花蓮的鄉下，有一戶人家，家境小康。先生是卡車司機，有一天開車載木材到木材場，正用起重機卸下木材時，沒想到起重機鬆脫，木材壓到他的腰脊。送醫後，醫師說要馬上開刀。家人十分惶恐，擔心腰脊開刀太危險，萬一癱瘓怎麼辦？所以帶他到國術館推拿。過了一段時間之後，他的身體不但癱瘓，甚至開始潰爛了。

　　還不到三十歲的他遭此變故，自暴自棄，怨天尤人。他有兩個兒子，當時才兩、三歲。太太是個單純的家庭主婦，費心盡力地照顧他，可是他脾氣很壞，不是亂摔東西，就是關在房間裡，一整天都不踏出房門一步。

　　他的太太為了養家和籌措醫藥費，離鄉背井遠到屏東謀生，夜以繼日的加班。有一天，她打電話回

家，聽先生說褥瘡很嚴重必須再住院，一時想不開，
就自殺了。

在為她辦理喪事時，他的朋友把他的情形轉知慈
濟功德會，幸運地，他成為慈濟的長期救濟戶；此時
的他，雖也獨力擔負起照顧孩子的責任，但對他的人
生仍是抱怨連連。

有一天，他坐著輪椅到靜思精舍，對證嚴師父
說：「師父，我很慚愧，覺得做人很苦。」一面說，
一面流著眼淚。

師父很鄭重地對他說：「你以為天底下只有你最
可憐嗎？比你可憐的人比比皆是啊！有些人傷了頸脊
連手都不能動，而你雙手完好，只有腳不能動，為什
麼要自認自己是天下最可憐的人呢？」他聽完這句
話，整個人都清醒過來。從此提起了勇氣和力量，不
再怨天尤人。

如今，這一家人歷盡艱辛，勇敢堅強地走了過
來。兩個孩子長得俊秀可人，老大是職業軍人，老二
就讀醫學院牙醫系，在慈濟媽媽們的照顧下，成為道
地的「慈濟孩子」，不自卑、上進又開朗。

生命中原有它盎然的生意，尊重生命，不容輕
忽。即使在艱困中也該堅忍心志，等待適當的時機來
到，依舊會展現出它那蓬勃的生機。

尊重宇宙天地間所有的生命

我們從電視中不時看到縱火、飆車、砍人、酒後
駕車這類新聞報導，而母親在母親節前夕棄嬰的新
聞，更讓人聞之鼻酸。為什麼一個剛出生的女嬰會被
拋棄在魚塭旁的草叢裡？為什麼會有嬰兒被拋棄在貨
車上等死的事件發生？更別提馬路上隨處可見被壓死
的貓狗。在沒有人處理的情形下，被後來的車子輾得
血肉模糊，而過往的車輛卻視若無睹。我們不禁懷疑
這樣的社會是否生病了？孟子公孫丑篇有言：「作見

孺子入於井，皆有惻隱之心。」見人遭危難，人多不忍。這是人的本性。哪怕是一隻將溺斃的狗，也應該會盡一切的可能，甚至動員消防人員來搭救。在搭救之前，也絕不會先問清楚這是哪家的狗，再決定要不要救。再舉一例，如果一位車禍受傷快死的人被送到醫院，醫生絕不會先問清楚他是外省人還是本省人，南部人還是北部人，再決定要不要醫治。

尊重自己的生命就如同尊重他人的生命，尊重宇宙天地間所有的生命。那麼，為什麼會有酒後駕車肇事，青少年飆車逞快，輕者受傷殘廢，重者車毀人亡，殃及無辜的事件發生呢？也許我們應該加強教育，從中學習尊重生命。在學會尊重自己生命的同時，或許較能感受宇宙間其他生命的可貴。

尊重生命的尊嚴和存在價值

有一些醫生在面對病人的詢問時，常不耐煩地跟病人說：「跟你講，你也不懂，你回去照著吃藥就是了。」他不瞭解一個人即使無知，也需要被尊重，更別提他所面對的不只是一個人的無知，而是一個人的生命。

「尊重生命不一定只限於生死，還包括生命的尊嚴與生命存在的價值。」出生台南，一生行醫，從阿媽看到孫子，視病如親的韓醫師說。

在台南，提起韓醫生，許多家庭祖孫三代都受到過他的關照，他視病人如親如故。許多人的家族在韓醫生的醫院已看了三、四代。病人的個性、教育程度、家裡有哪些人，經濟狀況如何……等等，他都記在心裡，每個病人幾乎就像是他的朋友。

「這些病歷是我的第二生命」在韓醫生的病歷室裡，收存了多達三十幾萬份病歷，每個病人就只有一份病歷表，記載著他們與韓醫生之間連綿的醫緣。

「也許你不能醫好病人的病，但是可以減輕他的痛

尊重生命不一定只限於生死，還包括生命的尊嚴與生命存在的價值。

～生命交響曲

苦。」在專注看病時，他會儘量保持診察室裡快樂的
氣氛，但卻不失莊重，不流於輕浮：「如何在診察室
帶動周圍的人快樂，這是藝術。」他說。

　　而維持這種藝術的動力，來自於尊重生命的熱
忱。四十幾年前，當韓醫生還是台大醫學院學生時，
他父親，也是醫生，給了他一本《史懷哲學師傳》，叮
囑他將來當醫生，一定要學習史懷哲終身追求的理念
—尊重生命。他做到了。

尊重胎兒的生命

　　從生命的創造、誕生，到終結，從事婦產科工作
的醫生天天在看。生命的歡悅和無奈，盡在眼裡。有
一位高科技公司的總經理，每天早上九點出門，夜裡
一、二點才能回家，生命中除了工作，還是工作。但
是他對好友說：「我人生中最興奮的事，就是醫生叫
我到產房，把我的孩子從我老婆的肚子裡牽出來。那
時，我好興奮，覺得人生的意義就是有了後代。」然
而，有些生命生來就帶著嚴重的殘疾，注定要使自己
及家人長期地承受身心的磨難。而每個生命都有「免
於畸形」的權利，理應受到每個人的尊重。要尊重生
命，就從胎兒開始，每一個有責任心的父母，都不要
忘了，在迎接新生命之前，先要接受完整的產前檢查
與胎兒的診斷，千萬不要因為疏忽而使一個新生命飽
受殘疾的折磨。

　　世上所有的生物相互依存，沒有任何一種生物可
以完全不仰賴其他而獨自存活。尊重自己的生命，尊
重他人的生命，尊重宇宙天地間所有的生命，讓我們
從謙卑開始，不妄自尊大，謙虛的與各種生命相處。
讓眼前的每一天都是一個活活潑潑、嶄新的生命。

用痛苦涵養喜悅

　　俗話說：「人生不如意事十有八九」，不管我們現在的年齡是多少，如果把生活中不如意的事加總起來，一定會讓我們有舉步維艱的感覺。活著本身是痛苦的，然而不要忘了，扣除八、九成的不如意，至少還有一、二成是如意的、快樂的。我們如果要快樂的人生，就要常想那一、二成的好事，這樣就會感到慶幸、懂得珍惜，不致被八、九成的不如意所打倒了。再者，生命中積極、快樂、正向的想法，是可以從人世中的痛苦與挫折中慢慢尋索出來的，我們不用連思想和心情都陷入苦境，如同Joseph Campbell所說：「我們無法診療這傷悲的世界，但可以選擇愉悅的生活。」

星辰因黑夜更明亮

　　光明使我們看見許多東西，也使我們看不見許多東西；假如沒有黑夜，我們便看不到天上閃亮的星辰。因此，即使是曾經一度使我們難以承受的痛苦磨難，也不會是完全沒有價值的。它可以使我們的意志更堅定，思想人格更成熟。當碰到困難與挫折時，自然會平靜面對，樂觀處理。

　　一名罹患肝癌的黃小姐，自小體弱多病，身體上喉、肚、腳的部分，留下不少的手術疤痕，那是她進出醫院的戰果。等她為人妻，以為可以享受甜蜜的婚姻生活時，又因為頻繁的胸口疼痛，被檢查出罹患了肺癌。在她拿到報告時的剎那，她說：「當時就好像黑色暴雨警告一樣，感覺既震驚又混亂。」她鎮定地與家人、醫生討論自己的病情，接受了手術，而且康復得很好。

　　她覺得癌症是可以完全控制的，除了家人無限的支持外，自己的意志也很重要。她認為即使罹患癌

症，每天也要開開心心、快快樂樂，千萬不要鬱鬱寡歡、愁眉苦臉。這樣浪費時間又沒好處，而且越不開心，癌就越惡化，甚至，霸占你的軀體，奪去你的生命。她說：「癌症又不是我們的親人，哪需要常常記掛，就當它不存在，照常生活，享受人生。哈！哈！哈！」她不時地將自己的經驗與他人分享，嘴裡時常掛著：「當快樂時學習滿足，不快樂時學習忘記或找尋快樂。人生不一定要及時行樂，但要時時醒覺。」

你打過橋牌吧！打橋牌時，我們要把手中所握有的這副牌，不論好壞，打得淋漓盡致。人生亦然。重要的不是發生了什麼事，而是我們處理它的方法和態度，假如我們轉身面向陽光，就不會陷在陰影裡。

不同的態度，創造不同的結果

每一個人的生命中，免不了都有一些缺口，透過彼此間的「施」與「受」，就能將彼此的缺口彌補成為一個圓。事實上，當我們拿花送給別人時，首先聞到花香的是我們自己；當我們對別人說一句溫暖的話時，就像往別人的身上灑香水，自己也會沾到二、三滴。一句話、一束花，溫暖給別人、快樂給自己。施與受一體，這就是喜悅的人生。

在巴基斯坦有兩座湖，這兩座湖給人的感覺完全不一樣。

其中一座名叫加里勒亞湖，水質清澈潔淨，可供人飲用。湖裡魚兒游來游去，清晰可見。四周是綠色的田野和園圃。很多人喜歡在湖邊築屋而居。

另一座湖，叫死海。水質鹹度居世界之冠，沒有魚能生存。湖邊寸草不生，了無生氣。景象一片荒涼，沒有人願意住在附近，因為連周遭的空氣都讓人覺得不舒服。

有趣的是，這兩座湖的湖水，來自同一條河。所不同的是：一座湖既接受，也付出；而另一座湖，接

當我們對別人說一句溫暖的話時，
就像往別人的身上灑香水，
自己也會沾到二、三滴。
一句話、一束花，
溫暖給別人、快樂給自己。

～生命交響曲

受了以後,只保留,沒付出。

根據《腦內革命》一書的作者春山茂雄所言,當
一個人發怒或緊張時,會分泌甲狀腺素,感到恐懼時
則會分泌腎上腺素,人們會因為這類腺素的毒害而生
病、老化、早亡。另一方面,如果常常保持微笑,凡
事正面思考,就算有多麼令人痛苦的事情發生,腦內
還是會分泌出促使腦細胞活性化,使身體健康的荷爾
蒙。這些荷爾蒙可以使人保持年輕,擊退癌細胞,使
人的心情愉快。

從兩座湖的「施」與「受」,再對照《腦內革命》
的說法,我們可以看出,人的一生,不真的全然受外
境所支配,而是受思想所擺佈。對於人生中的種種,
只要保持正面的思考,就會有喜悅的人生。

找到最適距離,就能相互取暖

寒冷的冬夜,兩隻豪豬,各自瑟縮在洞中的角落
發抖。溫度越來越低,他們在迫不得已的狀況下,只
能各自前移,彼此貼近。用對方的體溫溫暖自己的身
體,但一接近,銳利的毛就扎到對方身上,只得分
開。一分開,又冷得受不了。如此,分分合合了好
久,才終於找到適當的距離,使彼此能分享對方的體
溫,也不會受到傷害。

人與人之間何嘗不是要有適當的距離,以確保彼
此間不受傷害,但又能相互扶持呢?在人我相互的調
適時,原諒曾經傷害過自己的人,也不輕易給別人機
會傷害自己。不在人我是非中彼此磨擦(大部分的人
忽略了有些話秤起來不重,但稍一不慎,便會重重地
壓到別人的心上),同時,也訓練自己,不輕易被別人
的話扎傷。事實上,很多時候,我們也需要給自己的
生命留下一點空隙。就像兩車之間的安全距離,一點
緩衝的餘地,可以隨時調整自己,進退有據。心靈的
空間,需經思考開悟而擴展;生活的空間,需藉清理

挪減而留出；人我的空間，則經接觸內省而修正。人活在人群中，人我和諧，人生也才有喜悅的可能。

無情草木，有情相待

小孩子的那份赤子之心，常讓做父母的在回憶時感慨萬千。

有一位母親說：「小昀四、五歲大的時候，每逢星期日，我和他爸常帶他去郊遊。臨出門時，小昀總不忘記對著房子揮揮手說：『親愛的房子再見，我們晚上就回來了！』晚上回到家，他看見屋子裡暗暗的，對就著房子大聲喊：『房子不要怕，我們回來了。』然後就很認真地問我說：『媽媽，房子它可憐哦，它會不會哭呢？』我常摸著他的頭告訴他：『房子看到我們回來，就不會怕，也不會哭。』」

「如今小昀已經讀國中了，也忘掉自己曾經向房子說再見的事，有時候匆匆忙忙趕著上學，抱著書包就跑出門，也沒有跟我說一聲再見。」這位母親有些無奈地說著。

小的時候，不會說話的房子都有生命、都有感情；逐漸長大後，連周遭活生生的人也會被忽視。問題出在哪裡？是我們的心逐漸僵化了，不再柔軟得能感受到萬物的脈動。你可曾注意到自己開門、關門的動作？輕柔和緩，還是粗暴猛烈？你可曾注意過自己踩在地上的腳步，沉穩厚實，還是浮躁不安？你可曾注意過如何對待自己的心？敷衍苟且，還是溫柔誠懇？如果我們存有喜悅的心，即使被視為無情的山川草木，也能有情對待。

做生命的無敵鐵金剛

有人覺得人世間處處庸俗、時時險惡；有人覺得

日日更新、常常驚喜。不同的人對生命有不同的感受。但翻開歷史，檢視人類，追求真善美的執著一刻也不曾停歇。人們努力學習，勇於創新，在每一個有血有肉的生命過程裡，經過淬鍊、鑄造，從一塊只值十元的鐵，變成可以賣二十元的釘子；再經敲打，做成價值一百元的小刀；不斷地翻新，甚至被用在鐘錶上，變成價值五百元的發條。人，因為努力，變得十分美麗，就像一條清澈的小溪，樂觀堅強直奔大海。人，在不斷的蛻變中，從軟弱變得剛強，從醜陋變成美麗，就像毛毛蟲變成蝴蝶，蝌蚪變成青蛙一樣。生命因為更新，因為驚喜，更美麗。於是，美麗因生命而存在，生命因美麗而永恒。

腦性麻痺詩人，拿勇氣扭轉逆境

從小罹患腦性麻痺的謝小弟，視神經、運動神經都受到傷害。戴著弱視六百度大眼鏡的他，不得不和小他一歲的妹妹一起上學，以便妹妹可以就近地照顧他。

入小學前，他的媽媽拉著他的手，疼愛又憂慮地告訴他，如果有小朋友罵他「白癡」或「神經病」，「那不是你的錯。是他媽媽沒把他教好，你要原諒他。」因此，第一次在學校被罵，謝小弟回到家立刻對媽媽說：「今天有人罵我，我不生氣。」

在「天天有人罵我，天天我不生氣」的自我建設下，謝小弟度過了慘痛的小學生涯。直到上國中一年級，有一天放學回來，媽媽看到他的身體多處瘀傷，心痛如絞。

謝媽媽聽人家說，像小弟這樣的孩子，外國比較會接納，同時也比較有機會可以接受特殊教育。在沒有足夠資訊的情形下，謝媽媽帶著十四歲的他和弟妹一起來到人生地不熟的南非，一路流浪，走過三個城市，來到開普敦。終於打聽到專門給腦性麻痺小孩上

的Vista Nova School，可以從小學讀到初中、高中。

　　謝小弟在經過一連串的健康檢查、智力測驗、推薦信、試讀以及家長會的開會、再開會，並且克服了種族隔離的障礙，成為全校師生一片白種人中的一點黃。入學通過後，學校考慮到小弟的英語能力，可能在學習上會有所挫折，特地讓他降讀小學六年級。而小弟的手，因為運動神經受到傷害的緣故，不能寫小字，校方又為他向各方爭取經費，買了一台手提電腦專供他使用。媽媽也為他請了電腦家教，此時，卻意外的發現他對電腦很有天分，以後高中部電腦當機或有病毒，都送給小學部的小弟解決。

　　在南非上學才半年，小弟就瘋狂地愛上英文古典詩，喜劇劇本。他的詩，文法雖有錯誤，但不影響他寫作的熱情。老師一直改，小弟一直寫，進步神速。有一次，老師以為他抄襲，就要他寫一篇更長的詩，校長甚至對他說：「你再寫幾篇比這三篇更長的詩，我就把它裝訂成冊給全校看。」當校長拿到他的作品時，驚嘆地說：「你真是一顆閃亮的星。」小弟成為全校的風雲人物。每年都得獎的小弟，不但拿到全校英文優異獎，同時以第一名的成績高中畢業。

　　如今的他，就讀南非最好的開普敦大學，也是同學眼中的寶貝，如果沒有謝媽媽的勇於闖蕩，如果沒有他的努力與堅持，他的一生也許只能在街頭賣公益彩券，而不是開普敦大學受景仰的英文詩人學生。

癲癇美少女，用笑迎接困境

　　可愛的小婷婷擁有一張人見人愛的面孔，換牙階段，門牙掉了，笑起來更可愛。她快要六歲了。自小患有羊癲症，每天需要服藥控制病情，身體情況時好時壞。小小年紀的她，肝、肺、胃、腸、尿道都有問題。身體可說是千瘡百孔，傷痕累累。儘管她不能說話，但她那對會說話的眼睛更叫人百看不厭。不管什

麼時候看到她，身經百戰、出生入死的她，依然笑得
那麼甜美，那麼燦爛。

婷婷的父母在急診病房與家庭間來回奔波，看到
她從深沉的昏迷中甦醒過來，常常會有失而復得的辛
酸與欣喜，但是他們不流淚、不自怨、不放棄。期盼
與她好好相聚每一天。

我們小時候都種過綠豆子。一顆顆小小的綠豆
子，經過兩三天，很快的就呈現一片翠綠的生命。我
們恍然，我們歡欣，一顆小綠豆的生命力竟然如此地
強！所以說，每一個人的生命都有他存在的價值，特
別是小生命。他那種意志力、生命力，有時比成年人
還要堅強。別看輕他的小腦袋，他心裡清楚得很。

生命的美麗，在於每一天的生命變化裡，也在於
每一天生命與生命的相遇裡，更在於為生命的努力
中。這就是「日日是好日」，生命又豈在乎長短呢？

抗癌勇士，讓樂觀進駐生命

罹患骨癌，對任何人來說都是一件難以承受的打
擊，更何況是一位正值青春的少年。當年十七歲的王
金龍，一位原住民少年，在甫住進台大兒童癌症病房
時，便面臨截肢的命運。他說：「當我知道自己得骨
癌時，感覺好像在做夢。獲知病情的第三天，癌細胞
已經蔓延到膝關節，腳不能踩直，左腳抬起來，右腳
卻倒了下去，我開始痛哭了起來……。」

他的隔壁床上躺著一名才八個月大的嬰兒。有一
天，當他看見醫師拿著針筒往這名嬰兒身上扎下去，
抽取骨髓準備做各項檢驗時，才知道這名嬰兒罹患的
是血癌。

頓時，他覺得自己很幸運。有些小孩一出生就得
病，而他已經享受了十七年的健康身體，相較之下，
他覺得值得了！從那一天開始，他恢復病前樂觀開朗
的生活態度，從容接受截肢與化療的事實，坦然面對

親朋好友的關心。

　　從小就相當活潑開朗的金龍，在十二歲時，父親因為意外去世，母親為維持家計到處打零工，他說：「我家雖然是低收入戶，但是家裡氣氛一直很和諧快樂，我覺得自己很幸福。」金龍和他的母親彼此依賴著，誰也少不了誰！

　　當醫院醫師宣布金龍罹患骨癌必須截肢時，金龍的母親無法接受這個事實，她傷心欲絕地說：「我只有這一個兒子，他怎麼可以截肢？不要！不要！」母親不放棄希望，帶著金龍轉院至台大醫院，但仍得面對截肢的命運。

　　「截肢是我自己決定的，為了要讓病好起來，這是一勞永逸的方法。」右大腿截去三分之二後的金龍是相當開心的，雖然接下來為了殺光癌細胞所做的化療很痛苦，但是隨著病情逐漸穩定，現在他只要每半年定期到醫院接受健康檢查就好了。再返回正常的生活，金龍相當珍惜。

　　如今的他考上慈濟護專。原本是慈濟的病人，現在成了慈濟的學生。不僅是個勇敢面對生命的鬥士，也是個相當樂觀、會主動關懷他人的學生。

　　在每一個平凡的外表下都有著不平凡的生命。然而有誰能真正的去體會呢？人們往往習慣用視覺去決定什麼是美麗的人、事、物，而忘了用心去看什麼是「美麗的生命」。

　　事實上，許多豐富的生命，是無法用語言來表達的。你的「心」在哪兒呢？是否也早已被你遺忘了？帶出來走走吧！體會一下什麼才叫做「美麗的生命」，別讓心總是停留在那虛假的美麗外表下，卻忘了真實的「美麗」！

生命總會找到出路

1. 試用簡單的言詞，描述你生活中所感受到的節奏。

2. 你覺得「愛人如己」是一件很自然的事嗎？

3. 碰到不如意的事，你是如何處理你的情緒？

4. 你有用心去關心周遭的人、事、物嗎？說說你的感想。

我！
自己的最佳主角

看重自己，你會發現，
其實自己並非全無是處。
保有自己的特性，做個充滿自信的人，
沒有誰比誰更幸運，也沒有誰比誰更尊貴，
你是獨一無二的你！

我要做我自己

我們都有過這樣的經驗：小時候，父母摸著我們的頭，慈藹又帶著期盼的眼神對我們說：「你將來長大要做一個頂天立地的人哦！」頂天立地，對一個小孩子來說，太難懂。等我們年歲漸長，雖不知天高地厚，倒也自以為能夠體會一二。「身生天地後，心在天地前；天地自我出，自餘何足言。」個人頭上一片天，每一個人都是一篇動人、獨一無二的生命樂章，每一個生命都有他的天地。這就是生命的奧妙。

然而，有許多人，自以為是，執著於自己的見解，處處與人為難；另一方面，又有些人將自己看成一無是處，不能接納自己。幸福美好的人生不容易經營，理想和現實之間常有很大的落差，如何學習像莊子一樣，寧願做一隻快活自在、拖著尾巴、滿地爬行的活泥龜，也不願被人殺了，貢奉在廟堂上，毋寧是一項有趣且嚴肅的課題。

從真實生活中我們可以看到，時下的青少年對於電視上的肥皂劇或者演唱會，人人愛看、個個愛談；劇中的主角、台上的明星，人人羨慕、個個模仿。「他是……」不重要，「他像……」才搔到癢處。你不妨問他們將來要做什麼，他們必然會毫不遲疑且異口同聲的回答說：「我要做麥可‧傑克遜。」或「我要做張惠妹。」鮮少有人說：「我要做我自己。」

人生的可貴之處在於：「我只能活一次。」如果能夠做到「我是什麼，就是什麼」，不膨脹、不貶抑，了然自己的獨特，才不辜負這既難得又可貴的生命。

我，誰也無可取代

走在熱鬧的人群中，坐在擁擠的電車上，望著人

樹枝雖多果不生
學問雖博無勝義
知解雖了實證無
解說雖外無實義
利他之心是真實
求無價寶需利他
法可降伏諸煩惱
堅持法要即上道
心恆知足即虎將
痛苦輪迴決棄捨
一切勇中勇之首

～《密勒日巴尊者傳五》

頭鑽動，「我」在哪兒呢？是的，那都不是你。恰是：驀然回首，「那人」正在燈火闌珊處。

在這個世界上，沒有兩個人是完全一樣的，即使是雙胞胎、三胞胎也有他們些微的差異性；而每個人的存在，都有他們的價值與意義；總統、大老闆、民意代表未必比我尊貴；清潔人員、工友、黑手也未必比我卑賤，每一個人都是無可取代的。

莊子說：「鳧脛雖短，續之則憂；鶴脛雖長，斷之則悲。故性長非所斷，性短非所續。」又說：「長者不為有餘，短者不為不足。」每一個生命都恰到好處，何須多事加長鴨的短腳，砍斷鶴的長腳呢？

我就是我，獨特的我

莊子和惠子是好朋友。有一天，他們相約來到一個池塘邊，觀看水裡的魚兒。魚兒在水裡游呀游的好不自在。莊子十分嚮往，不自覺發出感嘆：「魚兒好快樂！」惠子聽了以後說：「你又不是魚，怎麼知道魚很快樂呢？」

一個是以藝術的眼光看待，一個是以實證的眼光來說：莊子聽了惠子的話，雖然覺得大煞風景，但回得也妙：「你又不是我，你怎麼知道我不知道魚很快樂。」「你又不是我，……」這樣的話語，在人們受到委屈或者辯白時，常常會自然的說出來。可見得，每一個生命都是一個「我」，你永遠不會是我。

可是我是我，又是一個什麼樣的我呢？如何看待這樣的我呢？

你真的認識你自己嗎？

小生命在還未來到人間之前，每一個做父母的都會喜孜孜地趕忙替自己的小寶貝命名。男的、女的、

不同的名字一長串,問長輩、求相士,務必吉祥又好運。之後,你有了一個名字。有時候,你會攤開厚厚幾大冊相簿,指著照片中的你,興奮的叫著:「這是出生時候的我!」、「這是求學時候的我!」、「這是前些時候家庭聚會中的我!」不同的成長歲月中的你,都是你。你當然認得你自己!不過,我還是要問:「你真的認識你自己嗎?」

溯自遠古,我們可以從希臘古德爾菲神殿的阿波羅神諭「Gnoti Santon」,也就是「認識你自己」中知道,恆古以來人類追求認識主客、內外的盲點(不知反求諸己);也可以從英國大文豪莎士比亞,透過《哈姆雷特》一劇中的普隆尼思,所說的:「真實面對你的自我」中知道「認識你自己」是非透過大死一番,無以致之。

簡單來說,認識自己就是把「真實的我」,真我,給找回來。生命奧妙,真我難找。試想人類可以用生理解剖或邏輯思維,把一個人抽絲剝繭分析出來之後,說那個就是「真我」嗎?有一個比喻:一個真正偉大的佛像藝術雕刻家,並不是把木頭雕刻成維妙維肖的佛像,而是把木頭本具的佛性雕刻出來。追求真我是一個達到止於至善的過程。唯有透過不間斷的反省,不間斷的肯定,生命才能更圓融,成就才能更圓滿。一個認真尋找自我的人,將會發覺不論身處在哪種環境中,都能內外明澈;生命中的每一個細微處,都能了了分明。什麼時候你能夠做到「擁抱自己多於擁抱他人」,什麼時候你能夠做到「我是什麼,就是什麼」,也就是你逐漸認識自己的時候了。

你真的喜歡你自己嗎?

「我不好。」
「我沒辦法做到。」
「我討厭我自己。」

「我就是這麼倒楣。」

有些人有這樣的習慣，在不自覺間會用上述的話不停的數落自己，日復一日打擊著自己的自尊，啃蝕著自己的心靈，渾然不覺。部分心理治療師認為這些負面的想法，大部分來自於早期的童年經驗。生氣的母親在責罵小孩，向他說：「你是個壞孩子」時，她實際的意思是說：「我不喜歡你這樣做。」可是，小孩子從此就帶著這份「我很壞」的認知，長大成人而不自覺。你的內在是否也有一位「壞孩子」呢？你是否老是想著自己幹過的壞事（或者不成功的事）呢？你是否經常表現出愛別人比愛自己容易呢？你是否在自傲與自卑之間來回擺盪而停不下來呢？你是否被「我不好」、「我不能幹」這樣的念頭糾纏不清呢？在這樣一個高度競爭的社會裡，內心的焦慮無日無之。有時候你是否會覺得自己像個大熨斗，情緒失控時，來來回回，將你周遭不喜歡的人、看不慣的事，一一燙平？你覺得自己很無奈，天下活該倒楣的事都掉在你頭上；你無法為自己經營出一片有意義的天地，你的內心缺少一股安定的力量。這一切的一切，都是因為你無法接納自己的緣故。

人，是在情緒中過日子的。隨著年歲的增長，情緒慢慢的複雜化；煩惱、悲傷、痛苦、恐懼、憤怒，種種的情緒接踵而來，不時地污染我們的心靈。想一想，看看自己，我們做過哪些好事，好得可以讓我們的心情充滿喜悅、自尊與自信，而那些好事，我們很容易做。你會發覺原來接納自己一點也不難。

瞭解自己，接納自己

王媽媽在臨終時，先生、子女都在身邊。她嘆了一口氣說：「我不夠好！」先生近前說：「你任勞任怨，為我生了一對好兒女，又讓我無後顧之憂，妳真的很好！」她搖搖頭說：「我不夠好。」兒子趨前：

「媽媽你真的很好！在我叛逆的時候，你為我流淚，陪我度過青春期，所以才有現在的我。你真的很好！」她還是搖搖頭說：「我不夠好。」女兒也握著媽媽的手說：「媽媽，我小時候身體不好，你晝夜照顧我，我才有今天。媽媽，謝謝你！你別擔心。你真的很好！」最後，她以游絲般的聲音說：「我不夠好，我對自己不夠好！」

王媽媽臨終前的最後一個念頭是我不夠好。怎麼可能呢？犧牲自己的一生奉獻給家人，自己卻得不到喜悅和滿足。問題的癥結在哪裡呢？從故事裡，我們可以看到一個很精采的結尾。

我們每一個人都只能活一次。認識自己、接納自己，讓每一個人都能快樂做自己。人生才有意義。

誠實，自在生活的基石

讓我們躺在記憶的床上，想一想，有多久的時間「誠實」這兩個字不再出現在我們生活的字典中。「誠實做人」、「老實說話」這個老掉牙的說教，早就隨著家裡的垃圾掃地出門了。競爭又功利的社會讓人利慾薰心，我們沒有勇氣正視生活中無所不在的謊言。自欺欺人，自得其樂，而不自知。然而生活中充滿了壓力，以及層出不窮的問題，使生活便成一連串的痛苦和壓抑。如果要讓我們的生活過得自由自在，就從「誠實」做起！

「上有政策，下有對策」對嗎？

根據一項非正式的統計，在現代的科技社會裡，超過百分之七十五的成年人都有過說謊與幻想的問題。「如果我哭，我就有牛奶喝」、「如果我耍賴，我就有漢堡吃」、「如果我三天不跟父母說話，我就可以

玩電腦三天」、「如果……，我就……」諸如此類，在
成長的過程中，一路走來，我們學會了為自己的行為
圓謊，也學會了「上有政策，下有對策」的生存技
巧。偽裝、辯解、評估及幻想，過程自然，做法也高
明。我們執著於自己的辯解，卻枉顧存在的事實。我
們努力在別人面前扮演一個不真實的自我、一個假
象。腦袋在現實世界中不停地打轉、控制自己、操縱
別人、隱瞞事實；成為一個說謊的孩子、說謊的人。

用誠實建立互信

　　從來沒有一個人會跑到醫院裡告訴醫生，他得了
不誠實的病，而且病得很嚴重。我們看到大多數的人
為了許多的頭痛、失眠、腸胃不佳、頻尿等等生理上
的症狀，奔波於不同的醫院、不同的醫生。他們病了
嗎？他們的確病了！不過此病非彼病。

　　我們都有過類似這樣的經驗，我們害怕說實話會
傷害到別人、自己、仍至於至親好友。我們害怕在某
種程度上會破壞了我們既有的好處。我們習慣於在人
前做戲，而私底下我行我素。我們害怕說實話會扼殺
了自己。我們背著「害怕」、「壓力」的殼，步履維艱
地走在人生的道路上，腳步是如此的沉重。

　　謊言與壓力的關係正如學生兄弟，所有的壓力都
源自於說謊。如果說壓力造成生病，為此看醫生是一
種正確的行為，誠實也是一種行為，一種可以擇善固
執的行為。你也許不能要求他人誠實，但卻可以決定
自己要不要誠實待人待已。

　　當然自己誠實不見得也能讓人也誠實，這不是一
個充分必要條件。但是當我們大家都誠實待人待已
時，人我之間自然就會產生互信。這時的你我，不再
以假面具見人，不再刻意為對方塑造形象，這時候的
我，才是真正的我。互信是一帖溝通人際關係的良
藥。互信是沒有壓力的，在沒有壓力下，我們就可以

活得更自由自在，更自我。

僵化使我們遠離自我

　　人在一生中受環境變遷的影響，一直扮演著不同的角色。「台上演戲，台下看戲」，台下看戲的人又何嘗不是在演戲，演他自己的人生。隨著時空的不同，角色隨時轉換。時而主角，時而配角。時而父母眼中的乖孩子，時而師長頭痛的叛逆小子，甚至，時而連自己到底是誰也不十分清楚。

　　現在的社會，許多人不用勞力就可以生存。一旦環境變遷，生活中的種種問題就會接踵而來。此時，自然要想辦法來解決。而一大堆的想法、原則、規則、價值乃至幻想，都在不自覺間變成了我們基本的思考模式。少了這些模式，我們真不知道該怎麼過日子。而我們越固執這些模式，就會失去自己真正的特質，離自我越遠。我們陷入在這些固有模式中，迷失了自我。

脫下假面，走出窠臼

　　想想看，赤裸裸的你，沒有衣物遮蔽，那種感受有多尷尬。有時，說實話比那樣的感受還要糟糕。因為那表示你曾經做過不能曝光的事，而現在你要把內心的秘密以及內心的感受完全暴露出來，不是有點為難嗎？

　　當你決定不再習慣性的說謊而去說實話時，你心中必定流滿了百般為難，而覺得難以啟齒。事實上，說實話並沒有那麼糟糕。說實話的人只是一五一十的說出事實的真相。只要是事實，就大膽的說出來。不必拐彎抹角、支支吾吾。誠實會帶給人自由的感受，世界上沒有比這種感受更美的。

在我們下定決心從今而後說實話之前，先確認說實話的幾個步驟：

- 承認過去的你只是一個戴著假面具的人，不是真正的你。
- 說實話來粉碎過去的謊言，並打破慣有的虛假現象。
- 從現實生活中找出說實話和謊話的區別。
- 明白說出自己的感受以及對別人真正的看法。

如此這般，真實的自我，以及我們自以為是的自己才能整合在一起。我們也才可以用完整的自我和別人相處，進而瞭解別人。走出自己的窠臼後，你會發覺你更能設身處地同情別人，人際偽裝所帶來的威脅也越來越少。以往讓我們害怕的人或事，現在也不再害怕了。拿下這種保護色彩的面具吧！勇敢地從窠臼中走出來，讓生命更有活力！讓生活過得更安逸！

做自己的主人

「我是誰？」
「我怎麼了？」
「我有嗎？」
「我能嗎？」

佛洛伊德將人的心理分為自我、本我、超我三個部分。自我——是有意識的，即能思維；本我——無意識而有需求和慾望；超我—半有意識，決定人對社會準則的認同與否。現在讓我們來談談「我家主人就是我」——自我。

我是誰？誰是我？自我為何物？這個問題不只是學禪者常參的公案，就是一般芸芸眾生也常希望能有解答的問題。西諺有句話：「能夠瞭解鄰居的是智者，能夠瞭解自己的是天才。」有一個故事：一位住在花蓮的原住民，有一天到田野裡種菜，意外地撿拾到一顆鵝蛋。由於家裡只有養雞，那位原住民就把鵝

蛋擺進雞窩裡，雞媽媽也搞不清楚，就把孵出來的小鵝當成自己的孩子來照顧。那位原住民發覺這隻小鵝也能融入雞群中。在成為桌上佳餚之前，終其一生，不知道自己是鵝。

所以說，究竟這個活生生的「我」是個實體呢？還是虛妄的？如果它是虛妄的，那麼這個看得到、摸得到、有感情甚至能將思想付諸行動的人又是誰呢？這都不是「我」這個實體在主宰的嗎？

如果說「我」是個實體，那麼這個「我」的界線和範圍又在哪裡呢？假設這個「我」只是大家眼中看得到的血肉之軀，那麼為何當我的小孩考不上好的學校時，我們會很傷心；車子被人刮掉油漆，我們會很氣憤；股票跌了，錢被倒會時，我們會徹夜難眠。這些都不是「我」，為何我們會被這些本身以外的人事物弄得心神不寧、心情起伏不定呢？

或許有人會說：「這還不簡單，因為這些東西都是『我的』，因此就是『我』的一部分，也就等於是我嘛！如果如此定義『我』的話，那麼問題又來了。譬如『我的家』，究竟是爸爸的家？還是媽媽的家？或是兒子的、女兒的家？究竟誰是『我的家』的主宰？我家主人就是我嗎？！生命的奧妙就在這裡」永遠值得我們去探尋。

我可以做得到

在心理學的領域中，通常將「我」分成兩個部分：一個是「我」，這是行動的主體，也就是這個能思考、說話、有情緒的行為主體；另一部分，則是我對這行動者的認定與看法，也就是所謂的「自我概念」。

而我們這個行動主體，永遠是受到「我」對我的認定與看法所左右。

有一次，紅玉坐同事的摩托車一起去拜訪客戶。準備回公司前，她動了一個念頭——為什麼不讓自己

舊有的生命
甦醒了
面對的不是古老的知識
而是新的樂土
一個新的我
一個新的知識
一個新的河流時間裡的世界

～勞倫斯

載同事回去呢？依她內向、膽小的個性以及給人的印象，平常過馬路都是戰戰兢兢的。突然，有一股信念跳進她的腦海——「我可以做得到！」於是她在幾分鐘之內學會如何控制油門，抓穩車把，然後心中浮現自己長髮飄逸、輕鬆自在騎車的景象，真的就這樣安安穩穩的把同事載回了公司。

　　因此，不論我們真實的能力有多強，只要我們認為自己差勁，或不夠好時，自然就會變得凡事怯弱、擔心、害怕失敗，對自己缺乏信心，而不敢面對挑戰。相反的，有些人並不怎麼特別聰明，但他對自己的看法卻很積極正向，覺得自己雖然不是很出色，但也不錯。而且天生我才必有用，因此，即使做低微的工作，他們也是很滿足快樂。

　　當然，我們也看過一些對自己看似信心十足，處處吹噓自己，常常批評別人，做起事來卻又眼高手低，並且絕不承認自己錯誤的人。這種人看似有正向的自我概念，而且對自己是絕對的接納，但事實不然，他們只是在自我欺騙而已。

　　麗美，三十八歲，未婚。她是在單親家庭中長大。從小母親竭盡所能栽培她。她在大學裡讀了八年，獲得兩個企管碩士學位。然而，她難以將所學的知識運用到專業工作中。離開學校後，她斷斷續續換過不少工作。每此選擇走上辭職一途，也都有她非如此不可的繁複理由。她外型亮麗、穿著時髦、談吐不俗，但卻不能讓她擁有一份穩定的工作。在一次同學會中，她情緒失控、嚎啕大哭。談到她從未提起的家庭、她內心深深的痛、以及工作不穩定所帶來的自卑。她讓她的同學們大吃一驚。

　　有時候，人之所以會欺騙自己，主要就是害怕去面對那深層內在的自我。他擔心這真實的自我是不好的，不受人歡喜的，所以要加以吹噓、掩飾。因此，這種人其實是個色屬內荏的自卑者，絕非真正肯定、接納自己的人。

不過於自我防衛

　　以心理健康的角度來看，一個人對自我的各方面應具有正向的自我概念，也就是說他對自己的種種，諸如：能力、個性、操守、價值觀、生命經驗、容貌、健康狀況、朋友、家庭……等等，持著一種樂觀、悅納的態度時，他會對自己較肯定、較有信心。而一個真正能自我接納、有信心的人，通常對其他人的事物，也才有一種真正寬容、接納的態度。這種人通常在人際關係上較能與人和睦相處，尊重他人，而不會過於以自我為中心，或是自我防衛；在處理事情方面，則比較能夠量力而為，面對挑戰，接受批評。他們的心理是比較健康、平衡與平和的。

　　當然，在我們能真正達到自我接納、肯定之前，通常我們要先能夠瞭解自己，知道自己是怎樣的人，諸如：自己的個性特質、能力、價值觀、興趣……等。如此，我們才知道自己有哪些缺點可以去學習修正，哪些弱點要去寬容接納，哪些長處應該好好發揮；最重要的是，漸漸發現我們的盲點，以及未察覺的特性與能力。這種建立在瞭解之上的接納與肯定，才踏實，也才可能具有行動與實踐的力量。

無欲則無憂

　　以哲學的角度來看，自我具有兩層意義：一是「我有」、「我所有」，一是「我是」、「我存是」。一般的解釋：「我有」是指我要擁有，尤其是擁有世人羨慕的東西，諸如名譽、地位、金錢等等。「我是」，是指一種自我的定位，指我要成為一個健全、成熟的人，發揮潛能，達到自己的極限。「我『有』才華，我『是』天才。」、「我『有』錢財，但不一定我『是』健康的人。」「有」、「是」兩者極易混淆，以至於大多數的人盲目於「我有」的追求，而忽略對「我是」

的掌握。

　　再舉例來說，我要追求「是」一個好學生、好公民、好朋友，但未必「有」錢、「有」地位、「有」好體格。有些人有文憑，但卻未必是個真學者；有國籍，卻未必是個好國民；房子、車子、面子都有，卻未必活得痛快。

　　前幾年在台灣彰化發生了一件離奇的一家五口滅門慘案。案主是一位成功的中小企業家。大家公認的好國民、好父親、好丈夫、好朋友。擁有別人夢想的事業、豪宅、名車、名狗……，卻在壯年之際，選擇自殺；不僅如此，還勸服家人一起自殺。一定會有人覺得納悶：這案主什麼都「有」，為什麼還要自殺？我們不是說有錢就會不快樂，但我們一定要問：為什麼有些人在有了很多錢以後，仍然不快樂。

單純，無可比擬的寶藏

　　單純的人是什麼樣的人呢？當他走路時，走路。當他說話時，說話。當他聽時，他不想。當他碰時，他不看。這樣單純心的流露，在小小孩的世界裡隨時看得到，但隨著個人的成長，這份生命初始的單純逐漸流失，在大人的世界裡再也不容易看到。有人誤以為單純就是頭腦簡單、四肢發達。事實不然，單純的人擁有童真的心靈，不物化、不執著、不攀緣。因單純而平凡，因平凡而豐足、而快樂。

　　印度有一個古老的傳說，發人深省。

　　有一群聰明人，要去挖掘寶藏。根據推論，寶藏應該埋在山頂上，至於在山上的什麼地方，則引起一番爭論。正當議論紛紛，一名農夫路過，好奇地停下來聽他們的談話；這名單純的農夫不甚明白聰明人爭執的緣由，只聽懂似乎在某個地方埋著巨大的寶藏。於是就默默地跟在隊伍的後面。聰明人走入無盡的山頂，不管到任何一處，都在爭論，從未動手掘土。單

> 單純的人擁有童真的心靈，
> 不物化、不執著、不攀緣。
> 因單純而平凡，
> 因平凡而豐足、而快樂。
>
> ～我要做自己

純的農夫卻一言不發，往那些聰明人爭論過的地方努力地挖掘。一天一天地掘，終於找到了一大座寶藏。

寶藏不在聰明人的嘴上，而在農夫的單純心裡。人生的寶藏又何嘗不在單純人的心裡呢？

知足常樂最樂！

從古書中我們可以看到，古代做學問的人「食無求飽、居無求安」。古人也是飲食男女，也有大欲，為什麼追求的是「謀道不謀食」、「憂道不憂貧」呢？古人也追求富貴，也在意個人在社會上的成就，不是不注重本身慾望的適度滿足。為什麼古今給人的印象如此有別呢？古人講求內在精神的豐美，今人埋首外在物質的享受，古今有別，心不同而已。古人心單純，今人心複雜。所以，我們可以看到，顏回能夠「一簞食、一瓢飲、居陋巷」卻依然「不改其樂」，如果不是擁有一顆單純的心，致力於追求人生更高的價值，外在生活條件如此之差，別人都受不了的情形下，顏回哪能自在、自信、自足又快樂呢？！

如今，世界是如此的繁複，環境是如此的艱難，生活是如此的雜亂，陷身其中的我們，雖不用「一簞食、一瓢飲」，但個個緊張、人人焦慮。每個人都忙著追求不同的價值；健康的、物質的、感情的、工作的、知識的、藝術的，各個層面的價值，或多或少，我們都正在追求。有些價值，諸如瞎子看不見、跛腳不能跑、獨生子無法享受兄弟姊妹情等等，由於客觀已經存在，不能任意追求；有些價值，諸如親情、友情、愛情、所謂的感情價值，是正常生活中所必有的，不是任何其他價值所能替代；有些價值，諸如金錢、財富、所謂的物質價值，則是一般人窮其一生，努力鑽營的目標。愈是富人，愈是追求得厲害。人可以用錢來購買權、名和地位，再用權來獲得更多的錢。這是一種不正常也不應該發生的現象，但不可否

認的，也是存在的事實。

現在的社會，在追求諸多價值之餘，獨獨忽略了精神價值的重要性。每個人缺少以實現人生理想為核心的價值觀。錢成為人生一切美好事物的來源和象徵。錢能通神，一切問題可以用錢來解決。因而社會上出現了瘋狂的拜金主義，諸如，笑貧不笑娼，小費一擲千金不皺眉，股票期票、冒險投資通通玩，詐欺綁票、搶劫誰怕誰，這類的情形處處可聞。如此這般，導致了整個社會風氣的敗壞。

物質與精神的追求失衡，人生價值、人生目標、人生意義的模糊，導致心靈的空虛、人際間的惡性競爭與社會的亂象。這一切的一切，在於現在的人生太過於「複雜」、現在的人心太過於不「單純」。我們雖不用效法顏回的精神，但可以用單純的心過簡單的生活。一切知足常樂，自然能肯定自己、尊重別人，重建人類族群間的關懷、體諒與和諧。

最純的心，最寬的路

德蕾莎修女，身材瘦小，略微有些駝背。她的臉上刻滿了皺紋，每一條紋路都可以告訴我們一個感人的故事。她的雙手粗糙而強韌，那是多年服侍窮人鍛鍊出來的。這雙手從垃圾堆撿拾過無數的棄嬰和病童，清洗、包紮過許多痲瘋病人的傷口，抬擔架搶救過街頭無人過問的垂死病患，餵食過無力自食的病人，摟抱過傷心絕望的窮人，緊握過無數臨終孤寂者的手，陪伴他們有尊嚴地走完人生最後的旅程。

諸貝爾和平獎的評審委員們，為什麼一致通過德蕾莎修女為和平獎的得主呢？她沒有調停過敵對雙方的衝突，也沒有奔走於國際間，從事外交穿梭，促進世界和平。誠然，她只是一心一意為窮人中最窮的人服務，付出最大的愛心，用具體行動，盡全力服務最需要協助的人。她從未想到獲得和平獎的殊榮，但無

意之間，卻以一顆單純的心，給世界和平開闢了一條簡單的道路。

最重要的小螺絲釘

王國維的詩：「君看今年樹頭花，不是去年枝上朵。」年年花開花又落，可是每一朵花都有它獨特的香味，每一朵花也只能綻放一次。一日復一日，天黑又天明，生命中的歲月又有哪一天是重複的呢？世界人口六十億，又有那一個人和你一模一樣呢？

讓我們回到童年，去看看一隻小麻雀在她身上發生的事情。

有一隻小麻雀飛到森林裡，看到了一隻孔雀。她覺得孔雀的翅膀是如此的美麗。再看看自己這麼醜、這麼小的翅膀，自卑感油然而生。

到了晚上，小麻雀做了一個夢。在夢裡她變成「一隻美麗的孔雀，興高采烈地展現自己的衣裳。這時，突然有一隻狼迎面撲來，小麻雀努力的振翅想逃，卻發現自己不能飛翔了，嚇得她驚慌醒來。」小麻雀心想：還好這只是一個夢。

有一天，小麻雀飛到一座高山上。她看到老鷹飛的好高好高、又好威風，自己跟老鷹比起來，真是太渺小了。一會兒，小麻雀靠著枝幹睡著了。夢見自己變成了老鷹，任意馳騁於天空，好不神氣；但是她以前的好友卻離她而去，不敢再與她為伍了。她突然覺得好孤單，還是當小麻雀的日子比較快樂。醒來後，她很慶幸自己還是一隻小麻雀。

小時候，你曾經對別的小孩炫耀：看！我有你沒有。你有的可能是一支水槍、一個布娃娃、或是一個模型玩具。長大後，你卻開始羨慕你的朋友：唉！他有我沒有。別人有的可能是一份理想工作、一樁浪漫的愛情、或一部拉風的車子。孩子氣的炫耀是天真，成人後的羨慕卻不免有些幼稚。不要總是被設計成別

人：美貌如甲、風趣如乙、裝扮如丙。其實你也有很多寶貝的東西是別人沒有的。例如，你可能有堅固的牙齒，當別人只能吃西瓜時，你卻能啃甘蔗；你可能有修長的手指，當別人只能吹口琴時，你卻能彈鋼琴。也許當你羨慕別人時，別人也在羨慕你。

　　不要小看你可能只是一個不起眼的小螺絲釘，在整個團隊中無足輕重。想想看，就算在一個科學研究院中，你只是一名鉗工，院中有許多的科學院士、博士，然而不管是哪個院士或博士，離開了研究院，大家可能都沒有感覺。唯有你，如果哪天生病請假，大家都會注意到你的不在。因為院中的一切實驗器材，不管維修或製造，都需要你。沒有你，院士、博士都失去了工作上的支持。你和院士、博士同樣重要。

　　看重自己，你會發現，其實自己並非全無是處。保有自己的特性，做個充滿自信的人，沒有誰比誰更幸運，也沒有誰比誰更尊貴，你是獨一無二的你！

生命隨堂測驗

1. 你滿意現在的你嗎？為什麼？

2. 你覺得在真實生活中誠實會讓你吃虧嗎？為什麼？

3. 問問你自己，「我是誰？」，用一百個字形容自己吧！

4. 在你的生命中，你覺得自己有什麼是與別人不同的？

何為生？
何為死？

達賴喇嘛說：「死亡，如同一面鏡子，
生命的真實意義會反映在那上面，
所以精神的傳統告訴我們要面對自己，
讓自己清淨地活在觀照死亡的感覺中，
活在接近死亡的感覺中，
整理出生活的先後順序，
瞭解無常的真相。」

生與死，一體兩面

有人說：「死亡的結束是生命的開端，生命的展現是死亡的實現過程。」身為人類的我們以自我為中心，自己的生命開始了就是「生」，自己的生命結束了就是「死」。在時間上，我們是會感覺到有起點和終點，但對於整個大宇宙而言，生存與死亡，只是一個生命的轉換過程，就如同大海中的浪花，前浪、後浪交相拍擊，何者為「生」？何者為「死」？生與死，是一體交融的。

她走了，她來了

有一首荷蘭的小詩《她來了》，對生死別有一番體悟：

生與死一體交融
生死兩相隨
苦中苦
為誰而活
出生入死
我們與心靈的朋友分享最大的喜悅
與最深的恐懼
向他坦承最重的罪及最不可數之過
他能幫我們釐清最高的想望
以及心中最模糊的夢想
～愛德華‧賽洛奈
（Edward C. Sellner）

我站在海岸邊，
看著一條小船揚著白帆乘著清晨的微風開向海，
她是美的化身，我佇立凝視著她，
直到她消逝在水平面的剎那，有人說「她走了」。
走到哪兒？只不過是從我的視界消失而已，
看不到她的是我，不是她，
而當有人說「她走了」的瞬間，
有人在彼岸看著她出現，而大聲地歡呼「她來了」。
這就是由生入死的過程。

生亦死，死亦生

人生下來，最終離開，會因為什麼原因，在什麼

時候，什麼地點，是不是早已天注定？還是冥冥之中
就有一股未知的力量，讓我們幸福快樂或是孤獨消沉
地生活在這個世界，但卻又隨時會在不同的事件裡，
不顧我們的七情六慾，結束我們的生命，將我們帶到
另一個無明的世界；還是活在世上的每分每刻我們就
已面對著自己的死亡。死亡就在我們眼前，只是死亡
本身遮蔽了我們；當人們講起死亡的時候，總以為那
是別人的事，彷彿死亡和我們每天的生活不相干。

　　有一首陳千武的詩《指甲》，詩的內容是這樣的：

指甲長了
最近　指甲長得特別快
看看指甲
我的指甲替我死過好幾次
每次剪指甲
我就追憶一次死……
──把剪下來的指甲裝入信封
繳給人事官准尉
在戰地　粉身碎骨
拾不到屍體
就當骨灰用　那個時候
我當日本軍兵長
不管我的意志是快樂是悲傷
不久　指甲總會長　長到
我感覺不舒服的時候
指甲很乖地　又讓我剪
指甲好像是我的生命之外的
生物
長了就要我剪
每次剪下來的指甲
都活著　然後　慢慢地
替我死去

　　詩中，不斷修指甲的動作，代表著詩人在戰場中

所體驗的那種「死」的經驗，不時會在他的記憶中被
喚起，使他具體地感受到生死攸關的交界點，透悟出
生命的悲涼。雖然「死」的那種破滅感是無法被遺忘
的，但沒有真正地「死」去時，死卻也是重構他「生」
的根源所在。死的意識加強支撐了他生存的意志，指
甲的「死去」，轉而為人的「活來」，他的行動和想法
都和死亡有關，他相信自己的死亡是隨時在眼前的，
也因為如此，更加強了「生」的意志。事實上，人的
生命有限，活在這樣的有限裡，不是更應該要好好把
握時光，明白自己到底在做什麼，又願意做什麼，活
出自己，過自己應該過的生活。

　　也許我們不知道，人是由數十兆的細胞所組成
的，但所有的細胞都有一定的壽命。在某個時期開
始，死的遺傳因子就會開始活躍起來。舉例來說，皮
膚細胞也有「角質」這個名字來形容死去的細胞。如
果細胞永遠不死，從出生到現在或許光是附著在我們
身體上的角質就有身體的兩倍多。如果毛髮永遠不
掉，我們的頭可能會變得像刺蝟一般。在細胞增殖的
過程中，老舊細胞死亡是必然的現象。汰舊換新是生
死的一體兩面。也唯有如此，生命才能延續下去。但
是，活在世上的任何一個人，又有誰會在意身上細胞
的「死亡」？又有誰會注意到自己沒有意識，漸漸死
去的事實？

　　所有的細胞都會死，但有一種細胞的壽命卻沒有
期限，那就是癌細胞。它是一種不死的細胞，它的不
死，就是身體的「癌化」，讓「人會死」因此變得理所
當然。

　　寫完《午夜談心》即去世的心理學家赫柏‧克拉
瑪說：「當我正寫著這些字的時候，癌細胞正在我的
骨骼裡移動，在我的血液裡四處傳送著死亡的訊息；
在這一、兩年之間，死亡將會讓我知道他是誰。自從
我知道他的存在，我開始想與他見面，跟他做朋友，
但絕不會是敵人。」死生交戰，死這個敵人既然打不
過，我們才清楚了然到生活原本就是結盟的。

人的生命有限，
活在這樣的有限裡，
不是更應該要好好把握時光，
明白自己到底在做什麼，
又願意做什麼，
活出自己，
過自己應該過的生活。

～生與死，一體兩面

根據在癌症病房所做的研究，一旦癌症末期的病人了然他即將離世，這正是他一生中最快樂的時光，因為他整個生命突然發現了目標。換句話說，當人正視他的大限時，心中就突然地安定起來，開始對自己有限的生命有一分珍惜，甚至產生了一種了斷的感覺，只有站在這種情況下去活，才活得比較真誠。

生死，不過一只鳥落的距離

劉健熠，十四歲，患有先天性心臟病，十二歲時，健熠的胳膊上長出了幾個像粉刺一樣的疙瘩。經山西省腫瘤醫院的「切片」檢查，是惡性滑膜肉瘤，活著的時日不多。

健熠知道了自己的病情，出奇的安靜，他只對媽媽說：「要是能活著，有多好，可是我現在……媽，我有一個請求，在不多的時間裡，還是讓我回到學校去讀書、去學習，我不願待在家裡。」

十四歲的他在患骨癌的兩年期間寫下了大量的詩歌，並以書名《恆星永不落》結集出版。健熠的詩有思想、有個性，八十多首詩多數是自己心靈的獨白和感受。

在他十四歲生日那天，他寫了小詩《信念》：

十三個年頭
從指縫間滑過
如夢如逝
生與死
不過是一只鳥落的距離
靜寂的夜晚
群星璀璨
哪顆星是我掛在上面的夢？
手中的書，沒有答案
疑問被掛在天上

太陽每日更迭
生命日日更新
我打定主意
握住信念
就握住了生命。

　　小小年紀，在面對生死這樣的大事，也能以淡然地態度，希望在有限的日子裡「去讀書、去學習」，看生死，也「不過是一隻鳥落的距離」。生死相隨，但又活得何其坦然。

讓生燦如夏花，死美如秋葉

　　曾有一位帶氧氣罩的肺癌患者，到了末期時，因氣管已被切開，再也沒辦法說話。到了臨終之前，醫師正要將他的氧氣罩拿開時，這位病患卻使盡全身氣力說：「謝謝你，醫生！」在場的醫護人員聽了都嚇一大跳，沒有人會想到他在嚥下最後一口氣之前，還有力量說出心中感恩的話。所以說，一個人在即將面對死亡，什麼都沒有的情況下，如果他還能吸一口氣，那麼他就很感恩了，因為那是多出來的。有些人覺得自己這一生只是隨著世事浮沉，就像上好發條的機器，每天起床、吃飯、上班、看電視、看報紙及睡覺。生活雜亂無章，內心彷徨無依。雖還看不到死，卻也不知如何生，在一呼一吸之間，生命白白流逝。

　　如果我們相信死亡是隨時在眼前的，我們會珍惜、感恩呼出每一口氣，讀書不是為了讀書本身，工作也不是為了工作本身，而是因為在這個時刻裡，我還活著。生活中因而注入強大的力量，你會發覺日子不再死氣沉沉，生活變得非常有意思。如果我們對待生死的態度，落實在日常的「謝謝你」、「對不起」、「再見」，心中滿是「感恩」、「謙虛」、與「放下」，我們的人生就會向泰戈爾的詩一般：

讓生燦如夏花，死美如秋葉！

在苦難中學習成長

「人為什麼活著？」

「活著為什麼會受苦？」

有些學哲學的人說：「人之所以痛苦，是因為他是唯一意識到自己會死的動物。」有人說：「街上並無活人，都是行屍走肉而已，因為他們不知道為什麼而活。」人意識到自己會死是一種痛苦，而不知為什麼而活，更是痛苦。

因為怕，所以苦

有一個笑話說到一位忙碌的人回答朋友的詢問時說：「噢！你問我為什麼整天忙嗎？唉！你不知道啦。最近我太太為了要節省時間、節省力氣。吵著用分期付款買了全套的洗衣機、洗碗機、烘乾機……。這樣一來，我們全家必須用加倍的力氣，日夜加班，才有能力支付分期付款，你說嘛，我當然比以前忙多了。」人活在物質慾望中，終其一生為滿足物質，奔波勞碌，既無暇享受方便，又因分期付款的壓力，無法快樂。活著豈不痛苦！

活在一個資訊爆炸的現代社會，我們很不幸的知道很多很多的「應該」，卻沒有辦法把這些「應該」放到我們每天的生活中去實踐。人愈知道需要做的事很多，也愈知道該做而做不到的事更多。理想和現實之間差距如此之大，不幸的是，在真實生活中，該做的事一件也沒有做，不該做的事又做了一大堆。心中充滿了矛盾、罪惡，與自怨自責，使生活更加痛苦。

再者，有些人害怕跟別人競爭，可是又不得不競

爭；有些人怕考試，可是又不得不參加各類考試，聯考、留學考、托福考、大考、小考，考得七葷八素；有些人怕補習，可是又沒有一天不補習；有些人怕時間不夠用，有些人怕別人超過自己，這個也怕，那個也怕，更怕死，想到有一天不知道會怎麼死，午夜捫心更害怕，他們好痛苦！

有些人誤會活在當下的意義，他們關心今天的享受、今天的好康、今天手中所能抓住的每一樣東西，今天的我過得好不好。結果「今天」天天在變，他們的目標也隨時在變，甚至他們根本就沒有目標，活在一個沒有價值、沒有標準、沒有方向的人生中，何其痛苦！

生、老、病、死，是人生的必然。不如意、不滿足、不快樂也是人生的常態。人生中碰到的挫折或者災難，因為人成長過程的不同，與外在環境的互動、適應的不同，而有各種不同「受苦」的感覺。受苦時，我們傷心、悲痛；我們憤怒、生氣；我們無助、彷徨。然而，我們要不怕痛苦，而且要勇敢去面對痛苦，克服痛苦，甚至超越痛苦。我們應該改變既有的想法，除去「痛苦就是在世界上得不到什麼」的心態，而代之以如何創造有意義、有價值的人生；如何把短暫、渺小的自我提昇、擴大，以此作為人生的目標。學會在苦難中成長，才能更珍惜與尊重生命。

逃避痛苦無法結束痛苦

老王整天忙得團團轉，卻經常聽到他引吭高歌。老張成天遊手好閒，卻哼不出一條歌。老張跑去問老王，老王告訴他：「道理很簡單。我是在尋找痛苦，你卻是在逃避痛苦。因為我的痛苦是自找的，所以我可以自由地把它結束掉。當它結束時，我就引吭高歌。我一天找八件事情來做，每結束一件事就高歌一次。所以我忙得很，也很快樂。」

「那麼我呢？」老張問。「至於你！」老王說：「你的時間都用來逃避痛苦，所以充其量，只能避免痛苦。而避免痛苦並非結束痛苦，所以也就哼不出一條歌來。」

正視痛苦才能超脫痛苦

人世間的事情，紛亂錯雜，有些事，非人力所能克服，有些事，難以心想事成，「人只能做自己想做的，不能要自己想要的。」只要盡力去做了，就該感到心安理得。只要日子過得充實，覺得有意義，就滿足了。

台中市有一位周先生，在他出生沒幾個月，臉上就冒出腫瘤，整個面部嚴重變形，他罹患了多發性神經纖維瘤。在他求學的階段，由於左下巴的瘤垂到肩膀上，耳朵和唇跟著扭曲，被同學取了各種的綽號，飽受歧視。

他從未自暴自棄，為了讓自己在人群中不要顯得太怪，三年內做了五次整形手術。現在，他能說、能寫、能走，他很滿足。

有人深信宿命，有的堅信命運掌握在自己手中，周先生雖因疾病纏身，有些許殘缺，但開朗迎向未來，他的人生洋溢著熱愛生命的執著。

野口英世，幼年時，由於家道中落，父親又不事生產，支撐野口家庭生活的是母親——志賀。野口三歲時在一次意外中左手因而殘廢，當時野口母親到家裡附近的田園工作，由於天氣寒冷，為了怕野口受寒，於是將野口放在爐旁取暖，野口不小心掉進爐中。由於當時家境及醫療環境的缺乏，以致於沒有適當的治療，野口的左手手腕漸漸地萎縮變形。懂事之後，野口最痛苦的事，莫過於鄰居頑童的譏笑。「哈！哈！野口是個窮鬼、殘廢。」也因為要擺脫這種恥辱，野口決心要成為一個偉大的人。

人世間的事情，
紛亂錯雜，有些事，
非人力所能克服，
有些事，難以心想事成，
「人只能做自己想做的，
不能要自己想要的。」

～生與死，一體兩面

　　小學四年級時，野口藉由一篇作文將長久以來埋藏在心中的痛苦徹徹底底的描寫出來，使他對「窮鬼、殘廢」的不滿，有了發洩的機會。沒想到，這一篇作文受到大家的關注，他只要照著事實和自己的感受，坦白的表現出來，為的是使自己的心情能夠抒發而已，但他努力要克服痛苦的精神，感動了周圍的人，因此大家籌設基金會來幫助他，幫助的動機並非可憐野口的貧窮和殘廢。在基金會的協助下，野口終於有機會去找留洋回來的渡部醫師，進行手部的治療手術。

　　手術進行的非常順利，野口的左手終於和正常的手一樣，最重要的是，他從渡部醫師那兒得到的，不僅是手術成功的喜悅，也進而促使野口決定了未來要走的路。野口英世專注於學醫、行醫，在近代日本的醫學界，成為最轟動、最使人震憾的風雲人物。

自己的苦，自己才能解決

　　有一隻兀鷹，猛裂的啄著村夫雙腳，他的靴子和襪子被撕成碎片後，他更狠狠地啃起村夫雙腳來了。正好這時有一位紳士經過，看見村夫如此鮮血淋漓地忍受痛苦，不禁駐足問他，為什麼要受兀鷹啄食呢？村夫答道：「我沒有辦法啊。這隻兀鷹剛開始襲擊我的時候，我曾經試圖趕走牠，但是他太頑強了，幾乎抓傷我臉頰，因此我寧願犧牲雙腳。呵，我的腳差不多被撕成碎屑了，真可怕！」

　　紳士說：「你只要一槍就可以結束牠的牲命呀。」村夫聽了，尖聲叫嚷著：「真的嗎？那麼你助我一臂之力好嗎？」

　　紳士回答：「我很樂意，可是我得去拿槍，你還能支撐一會嗎？」

　　在劇痛中呻吟的村夫，強忍著撕扯的痛苦說：「無論如何，我會忍下去的。」

於是紳士飛快地跑去拿槍。但就在紳士轉身的瞬間，兀鷹驀然拔身衝起，在空中把身子向後拉得遠遠的，以便獲得更大的衝力，如同一根槍般，把牠的利喙擲向村夫的喉頭，深深插入。村夫終於等不及地仆死在地了。死前稍感安慰的是，兀鷹也因太過費力，淹溺在村夫的血泊裡。

這是卡夫卡的寓言。也許我們會問：村夫為什麼不自己去拿槍結束掉兀鷹的性命，寧願像傻瓜一樣忍受兀鷹的襲擊？事實上，兀鷹只是一個比喻，牠象徵著縈繞在人生內外的痛苦。其實，任何一個人，都會不知不覺地像村夫一樣，沈溺於自己臆造的幻想中，痛苦得不能自拔，甚且，「愛」上自己的痛苦，不願親手揮掉它，儘管是舉手之勞而已。最後，寓言中，村夫與他臆想的痛苦（兀鷹）同歸於盡，似乎也悄悄地告訴我們：不要等待別人解決你的苦，只要願意，你可以超越牠，一槍斃了你的痛苦。

找出存在的價值

「怨嘆一聲，為何光陰總是匆匆忙忙從手中溜走，
走的那麼急促，急促的令人沒有休閒的空間，
忙忙碌碌的又過了一天，
好想問一下周圍的人們，你們在想什麼？
你們為誰而活？是為忙碌的生活而活嗎？
還是為那令你永遠愛的人而活？
我曾為愛而活，現在我為自己而活，
而將來我該為什麼而活？」

李遠哲博士曾在演講中以極其感嘆的語氣說：「我們臺灣所有的教育只在教同胞學習一種懂得回答老師考題的學生，可是我們教育並沒有教我們的學生如何解答人生的問題。」人生中有那麼多的「為什麼？」，每發出一句「為什麼？」都是心中的不明，也

是不平的吶喊。

年輕時,有些人覺得做得到別人對自己的期望,是一件很棒的事。「讀書」、「考取學校」,就成了他們努力的目標,也是他們的責任。他們不知道自己真正要的是什麼。他們為父母、為老師而活。只要遵循父母和老師的指示與期待走就是了。

年長,走入社會後,為了取得別人的肯定,以及自以為的成就感,早也忙,晚也忙。忙著工作,忙著討好上司,忙著開那永遠開不完的會,忙著交際應酬。終其一生,忙著為別人而活。上職訓課時,我們高喊著:「能被人利用的才是真正有用的人」,所以我們忙著被人利用、被事需要,從中證明我們不是廢物,依然還有身價。在忙中,我們失去了自己,不知道為誰而活,為什麼而活?我們活著,但活在別人的價值中。我們忙著,但忙著應付自己那顆混亂不安的心靈。

季路曾經問死於孔子,孔子說:「未知生,焉知死。」「生」是什麼?是誰讓我們來到這個世界上的?我們不知道。「死」是什麼,人死如燈滅!「死」真的就像胡適之曾經說的,「死一個人跟死一隻貓、死一隻狗一樣」嗎?我們不知道。不過美國現代詩人、哲學家桑塔亞納(George Santayana)說的好:「『生』或『死』均無藥可救,好好享受中間這一段吧!」

人活著,若能認識自我的本性,不論是世界級的頂尖人物,或販夫走卒,都能活得漂亮精采。

一位美國的俄裔友人,夫婦鶼鰈情深,凡事倚賴丈夫。不幸中年喪偶,悲慟之餘決定要學獨立。她重返學校,花四年時間學法律,得到律師執照後,參與一家頗具規模的聯合律師事務所。努力工作的成果,四、五年後她在事務所眾律師中排名第二。五十多歲的她,雖然得了帕金森病,仍然雄心勃勃。她說,喪偶之後醒悟到要活出自己,不甘心只作一個沒沒無聞的「nobody」,要爭取成為被人羨慕的「somebody」。許多人和她一樣,希望做個出人頭地的人。

《莊子說》其中有幾句話：「人必須自覺人的存在，不要從他人而畫出自己，不要從過去和未來畫出現在，不要從無價值畫出價值，不要從無限畫出有限，不要從死亡畫出生存，這樣才能超越束縛而得到自由。」莊子教我們不要拘泥世上的許多東西，「不要從他人而畫出自己」，不要活在別人的看法下，要活出自己的一條路來，信心要建立在自己的身上，不要建立在別人的稱讚上。

一朵是玫瑰的玫瑰才是玫瑰（A rose is rose is rose）。每一個人都希望活得像我自己，「活出自己」是很自然、原始的價值觀。萬物都有一個天生的使命———完成本來的自己。玫瑰就是玫瑰，縱使天堂鳥多麼七彩奪目，玫瑰不會用天堂鳥的模樣完成自己。當一個人能夠用本來的面目去生活的時候，生命自身的完成就是一種至高圓滿，也由此可以彰顯出內含的生命目的與價值。事實上，能夠活出自己的人，就是「出色」的人，就是成功的。

未知生，焉知死！

從生到死，我們一直在學習，學習各種知識，學習各種生存的技巧，學習如何做人、做事，學習如何「擁有」，我們說：「學習是一輩子的事」。我們不停地在學習，卻忘了學習如何面對「失去」，不知道在人生中，感情、親情、功名、成就、關係、錢財等失去的時候，我們如何去面對？直到髮蒼蒼、視茫茫，親人朋友相繼離去，我們又驚慌失措地發現人生中還有另一個巨大的課題———死亡還沒有去學習。

活著的時候學習死亡

在十六世紀極其不安定的年代，法國最偉大的思

人必須自覺人的存在，
不要從他人而畫出自己，
不要從過去和未來畫出現在，
不要從無價值畫出價值，
不要從無限畫出有限，
不要從死亡畫出生存，
這樣才能超越束縛而得到自由。

～生與死，一體兩面

想家蒙田在《學習哲學即學習死亡》中提到，在活著的時候花了許多時間思考死亡，並隨時準備死亡的人而言，是最輕鬆的，也只有以這種方式，才能更滿足的享受生命，因為知道它隨時可能終止。然而要如何去學習死亡呢？沒有人知道死亡的真相，包括死亡的過程、死亡的經驗以及死後的世界。也沒有任何一位經歷過死亡的人可以回到世界上來傳達他的體驗，而有瀕死復生經歷的人，又沒有真正的死亡。所以說，我們要學習的是如何去面對死亡前的過程，包括疾病、疼痛、分離與失落等等。我們也可以從身處過死亡困境的人們口中或書中體會他們面對死亡的心路歷程。從而讓我們去檢視現在生活中的自己，進而對生命有一番新的體認。事實上，有一些走過死亡幽谷的人，他們的人生也因而徹底的轉變。

有一個人說：我曾是一個迷失的人。終日如行屍走肉，只想享受，沒有目標。現在我徹底轉變了。我變得很有企圖心。做事有明確的目標和方向。我也堅信生命中有因必有果。我對追求物質、財富的渴望也消失了，反而渴求精神層面的東西，並且希望這個世界能夠越來越好。

死亡反映生命的真實意義

有位僧侶引用《佛經》說了以下的故事。

有位年輕的母親在失去了因病過世的兒子之後，抱著兒子遺體四處尋訪宗教家，希望兒子能夠起死回生，但誰也沒有辦法。最後，這位母親向釋迦牟尼求救，釋迦牟尼回答她說：「我可以使他復活，不過有一個條件。」條件就是只要能在村中取得一粒罌粟種子，就讓她的兒子復活，不過有一個但書，該粒種子必須從沒有辦過喪事的家庭中取得。年經的母親走遍了所有村落，一粒罌粟種子也沒有找到，最後她才恍然大悟：「原來世上到處都有喪失親人的人。」

　　每一個人都會遇到親人「走了」的時候。除了內心的悲傷需要靠時間來撫平之外，事實上，我們可以從體驗親人的死亡中，學習到將來如何面對自己的死亡。親人的死亡會迫使我們直接面對生命，強迫我們去發掘以前從未發現的人生目的。從而珍惜現在所擁有的生命和健康，在創造美好人生的同時，也更能坦然面對死亡。這時，你會發現死亡的意義就在我們的日常生活當中，在我們對它的迎拒當中。死亡不再是命終氣絕的一瞬間而已。

　　達賴喇嘛說：「死亡，如同一面鏡子，生命的真實意義會反映在那上面，所以精神的傳統告訴我們要面對自己，讓自己清淨地活在觀照死亡的感覺中，活在接近死亡的感覺中，整理出生活的先後順序，瞭解無常的真相。」活在死亡的關照中，才能獲得一種活著的「了然」，也才能更明白自己「當下的活」。

時時準備，無懼於死亡

　　密勒日巴尊者說：
　　「在死亡的恐懼中，我辛苦地爬上了山──
　　再三思索死亡時刻的不可逆料，
　　我攻占了不死、恆常的心性之城堡。
　　如今，對於死亡的一切恐懼都已經過去了。」
　　　　　　　　　　　　　　～《密勒日巴尊者傳》

　　達賴喇嘛說：「我們對於死亡的恐懼，並不是真正的恐懼，而是當那一刻真的到來時，我們不知道該怎麼辦。」我們缺少對死亡的準備。我們每天活著、動著，好像從不知道有那麼一天生命會終結、身體會停擺一樣。可是，打開電視或翻閱報紙，你會發現到處都有死亡的發生。這些空難和車禍的受難者可曾想到他們會死？他們和我們一樣，視生命為理所當然。他們走得突然，而且毫無準備。留給親人無限哀思與

痛苦。

其實在日常生活中，每天的睡覺都是一次很好的死亡練習，早上起床後，穿衣疊被時，我們可以想一想身邊的人、事、物，哪些是需要順便收拾、交代的。每晚睡覺時，想著「今晚脫下鞋和襪，明朝不知穿不穿」。這就是死亡的觀照。這就是死亡的準備。再者，如果我們養成「不要把恩怨留到明天」的習慣，在日常生活當中靜養安詳，就能得到善終。

對疾病有充分認知

除了意外、突然，這類無法預期的死亡之外，死亡前處於生病的狀態是很正常的。我們對於自己的病應該有充分的認知，「知」的權利是很重要的。這方面可以向醫師取得相關病情的資訊，也可以請醫師將診療的結果用一般人容易瞭解的方式來說明，然後經過互相的討論之後，決定治療的方向。畢竟生病的人是自己。有了疾病的認知，才有忍受生病中各種痛苦的準備。

有一個實例：一天，有一位老先生來到診所，請外科醫生幫他診療。醫生說：「這是膽結石，必須要切除。」醫生用盡方法，拼命說明，可是那位老先生不好好地聽，看著外面的窗景，露出不解的表情。由於他表現出肚子疼的很厲害的樣子。醫生在說明完了之後，決定替他動手術。老先生說：「種田是我的專業，種田的事我知道得很清楚。」──因為他是種田的。「醫療的事就完全外行了！既然來到醫院，就知道會割掉什麼，所以快點幫我割掉，應該不會連命都拿掉吧！」

病中、死前的痛苦無人可以體會，更無人可以替代。許多人因病痛而害怕死亡。許多人因忍受不了疼痛而不想活。若讓家人和醫生瞭解自己的偏好與看法，也能在必要時減輕他們的內疚，而不必過慮使用

太少或太多治療。

　　有一位醫生，他的母親患有心臟病已經十幾年，為了讓她得到最好的醫治，醫生安排她在一間綜合現代醫院的醫療室內接受治療。這些年來，雖然她的心臟疾病毫無起色，仍然聽從主治醫生的建議，注意自己的身體，不斷的接受藥物治療。有一天，當這位醫生去探望她時，他握著她的手說：「今天的身體狀況如何？」已經無法出聲的母親沒有回答他。

　　可是，當他望著母親如死人般呆滯的眼神時，覺得她好像用食指在他的手掌上畫什麼，再看她的臉時，臉上是毫無表情的繫著呼吸器，然而她似乎拼命的在寫字，在她重複寫了幾次後，他愕然楞住了，原來她寫的是：「殺了我吧！」

生命的價值，不在長短

　　當您準備好如何死的時候，生命才開始。

　　有一位母親，她撫育了十一位優秀的子女，九十一歲時，在家中、十二位子女和孫子們的圍繞下，壽終正寢。臨終的那天晚上，親人們見她已呈昏睡狀態，身為神父的長子說：「實在很遺憾，已經不能和母親說話了，讓我們大家一起來祈禱吧！」於是獻上彌撒，大家一起祈禱。彌撒結束時，母親突然張開眼睛說：「大家為我祈禱非常感謝，對了！我想喝一杯威士忌。」生命只剩下最後二個半小時的母親想喝威士忌，大家都嚇了一跳。母親喝了一口端來的威士忌，說：「溫了一點，幫我加些冰塊。」孩子們急忙找來冰塊，母親說：「好喝！」接著，一飲而盡。然後又說：「我想抽煙。」看到這種情形，長子按捺不住地說：「醫生說不可以抽煙。」母親卻回答：「死的人是我，又不是醫生。」（笑）。於是抽完煙後向大家致謝，接著說聲：「天國再見吧！拜拜！」就躺下去再也沒有起來了。

這位母親一生幾乎不曾抽過煙、喝過酒，她用幽默代替苦痛的方式為自己的一生劃下完美的句點。孩子在這樣的氣氛下，面對母親的死別，只感受到彼此間的愛與關懷。

人，出生入死，最重要的是「生命的用處，不在於壽命的長短，而在於時間的運用；一個人可能活了很久，卻只活了一點點。」這值得每一個人深思。

生命隨堂測驗

1. 如果醫生説你還有一年的生命，你會做什麼？

2. 你認為人活著好苦嗎？為什麼？

3. 你曾經想過「死」的問題嗎？

4. 你面臨過親人的死亡嗎？你願意説説你的感覺嗎？

只要活著，
就有希望

今天的陽光燦爛，
不代表明天不會下雨。
人生中什麼是我們要掌握？
什麼又是我們要留下的？

不斷學習，
以應萬變

　　有一個人，他僅有的財產是一頭驢、一條狗、一盞油燈，以及一本書，書名是《希望》。有一天，他帶著所有的財產出了遠門，袋裡裝了書，左手提著油燈，右手牽著驢子，身後跟著狗。到了夜裡，他在路邊看見一間草屋，決定在草屋裡過夜。由於時間尚早，他點起油燈，開始讀書，沒想到突然颳起狂風，把油燈吹熄了。他只好躺下來睡覺。沒有多久，狐狸跑來，咬死他的狗。又一下子，獅子跑來，吃了他的驢子。他早上醒來，大吃一驚。立刻拿著書跑出了草屋。當他到達鄰近村落時，更吃一驚，因為夜裡來了一群盜匪，把村民全部殺死了，村落幾乎夷為平地。這時，他開始為自己慶幸，因為，如果燈火沒有被狂風吹熄，他一定會被盜匪發現。如果狗還活著，一定會亂叫，也會引來盜匪。如果驢子活著，也會騷動，而被盜匪發現。如果獅子選擇了吃人而不吃驢子，自己的性命也不能保全。正因為失去了一切，性命才得以保全；反之，如果性命不在了，一切都保全，那又有什麼意義呢？他緊緊抱著袋裡的書，終於領悟到：「一個人縱使失去一切，也不能失去希望；一個人儘管身處絕境，也不能失去希望；只要活著，就有希望。」

不斷學習，以應萬變

　　環境在變、氣候在變、地形在變，生活在其中，我們每一個人也都在變。我們改變了世界，世界也改變了我們。我們在變遷中成長。

　　回想小時候，三、四歲的我，一客冰淇淋就是我人生的全部。到了求學階段，考試就是我生活的全部，走入社會，工作就是我生命的全部。我變了！從熟悉的家裡、到幼稚園、學校、再到外地，面對陌生的人，陌生的環境。從被呵護的人到呵護別人的人、從黑頭到白髮……，大部分的我們都會經歷這樣的變遷。過去的我們無可改變，現在的我們，為了更好的未來，唯有終身學習來試圖找到應變的方法，才不會像觸了礁的船那樣，在變遷中沉沒了。

跨越災難才顯現智慧

　　新聞界的傳奇人物——陸鏗，一輩子只做過兩種人，一是記者，一是罪犯。八十一歲的他，滿頭銀髮，記者生涯超過一甲子。先後坐牢二十二年，兩次險遭殺頭，親歷時代的巨變，飽嘗人間的苦難。

　　不斷「跟自己打招呼」，是他熬過劫難，重生，而且是開朗重生的原因。他也苦中作樂，體會中國文字的奧妙，「終於明白為什麼不叫『站』或『臥』牢，而是『坐』牢」因為單獨監禁時，不准有任何活動，只能定定地坐著反省自己所謂的「罪惡」。

　　這些「抬頭看雖已無路可走，但只要發揮韌力活下去，總會發現別有天地」的經歷，使他學會坦然面對命運，「人一半靠努力，一半靠命運。有努力沒有命運，成就有限；但光有命運沒有努力，什麼都不會有」他認為。

　　「你不碰到大災難，顯現不出來你的潛能，是不是思想堅強，意志力堅定，你是不是個材料？老天爺現在正拿個秤在秤你，考驗你，看你努力到什麼程度，能否適應環境變化。」他說。

面對變遷，自我適應

「世間的一切，永遠都處於變動的狀態。此時此刻，你可能覺得寒冬將你剝蝕殆盡，但事實上，任何人都無法以外在的表現來預做判斷，並預測接下來會發生什麼事。然而，既然你不願意錯過秋天的豐富色彩，那麼現在就開始為土壤施肥，把植物的根培養好。在你赤手裸足的辛勞下，新的生命正蓄勢待發，準備為你開出燦爛的花，結成豐碩的果。只要有足夠的活力，你就必須要求自己竭盡所能地繼續前進，好為將來的各種可能挪出空間。過去的固然要好好保持，但你的主力最好放在新的成就上。你所要做的，就是利用你的行動力，為你自己帶來新的力量、勇氣與機會。」

其實，每個人大都照著被教導的方式行動、思想和感覺，這些訓練不足以應付無法預期的變遷。而真實的社會環境、社會價值又變遷得如此快速，我們是否能適應？是否依然能找到自己呢？快速的生活步調使人面對困難的機會增加，失學、失業、離婚、破產、或是傷殘性的傷害，面臨生死關頭時，我們又該怎麼辦呢？有人緊張、失眠，有人頭疼、頻尿，有人暴飲暴食，有人人際關係拉警報，這些症狀或多或少來自於對社會變遷所採取的應變及適應不良的結果。

農業社會裡，這種情形較不明顯，主要是社會成員的同質性高；社會價值清楚且一致；社會穩定且有束縛力，個人被置於整體社會的價值、道德、規範之下，我們的未來是清楚的；無論是求學、就業、為人處世，只要依循前人的軌跡前進，就會獲得成就。在社會變遷緩慢下，歷史經驗是我們成長效法的唯一依據，且是最重要的資訊來源。現在的社會則迥然不同，社會變遷加劇，舊的經驗被揚棄，甚至被唾棄；社會的價值不一，甚至模糊；倫理關係不再依循傳統的軌跡；道德也多元化，人生目標無所適從，所習得的技能不再能適用一輩子，歷史的經驗顯然在現在及

未來不一定有用，不但資訊的來源多樣化，且資訊的紛至沓來也造成巨大的壓力，因為我們吸收資訊的速度永遠抵不過資訊的爆發。

未來學家說：「不能等明天自然地到來，要創造一個自己可掌握的明天。」因此，面對如此天翻地覆的變遷，不是抗拒它，而是認識它、適應它、進而創造未來。其適應之道或許可由以下幾點開始：

◎及早準備，放眼未來

每個人的行為都具有未來性，換句話說，每個人必須對自己的未來負責。今天由於變遷適應不良而面對處理不完的危機，是來自於過去不注意未來的結果。如果能重未來，注意未來，及早為未來準備，那麼未來的危機將因為事前的準備而改變或不會出現。誠然今天是昨天的未來，而明天正是今天的未來。

◎全球化觀點，世界級胸襟

隨著通訊與交通系統的快捷與綿密化，地球村的觀念已逐漸地落實在我們的生活中。每個人的行為都具有全球性，同樣地，每個人的行為必然被全球事物所影響。所以對於未來的任何抉擇就非得以全球的觀點考量不可，任何人的行為與決策也必然要以全球的角度為基礎。因此地球村的胸襟將是適應變遷的必要條件之一。

◎資訊贏家＝人生贏家

我們今天與未來所面對的世界是不連續性、不穩定性、不確定性的，因此歷史的經驗將不再全然有用，代之以新資訊對新環境。所以資訊的贏家也必然是人生的贏家。未來學家說：「明日的富人，是決定自己未來的人；而明日的窮人是被決定未來的人」。「決定」的基礎就在於資訊的掌握與運用，因為第三波社會的能源，不是來自於自然力、獸力、體力，而是資訊力。

未來學家說：
「不能等明天自然地到來，
要創造一個自己可掌握的明天。」

～不斷學習，以應萬變

◎保持調性,隨時調整

　　變遷越快越要具有彈性的適應能力。我們必須認知,所學的知識將不會被使用一輩子,轉業是生活方式之一,道德倫理不會是延續性發展。因此從觀念到行為必須要有以高度彈性的認知隨時調整自己。

◎知道自己為什麼而活

　　面對超負荷的資訊爆炸以及迅雷不及掩耳的變遷,最佳的適應方式就是知道自己要的是什麼,自己要做什麼,而不是人云亦云,隨波逐流。如果一個人能為自己設計一個屬於自己的未來而且努力去經營,那麼可能出現的橫逆將被克服,可能出現各種「雜音」也無法左右個人的生活。只因為「我知道自己為什麼而活」。

　　宇宙中唯一不變的就是「變」,不要怕變,要接納變、迎接變。尼采說:「所有殺不死我的,都使我茁壯。」讓我們面對快速而混亂的變遷,讓我們從逆境中獲得力量,讓我們把令人沮喪和不公平的經驗,轉化成對我們有用的利器。

順應天理,敬畏自然

　　大自然既簡單又複雜,像個樸素和藹但又淵博深沉的學者、哲人。它深藏著自己博大精深的內涵,外表卻又顯得極為平易隨和。天真的稚子也能如魚得水般地嬉戲其中,大字不識的山村老漢數著粗硬的手指也能對付得了。但大自然又是一座極為奧妙、深不可測、錯綜複雜的迷宮,不管人類動用了多麼先進的科學技術,終究未能看清其中的奧妙。

　　人類是自然的寵兒。自然賦予人類漂亮的外貌和不絕的智慧,但自然也從不厚此薄彼對待其他的生物。數量遠比人類多的各種動物,雖然頭腦簡單,也各自在大自然寬厚的懷抱裡悠哉悠哉地過活,大自然

面對超負荷的資訊爆炸
以及迅雷不及掩耳的變遷,
最佳的適應方式
就是知道自己要的是什麼,
自己要做什麼,
而不是人云亦云,
隨波逐流。

～不斷學習,以應萬變

分別賜給它們一些本領，讓它們得以繁衍生息。

二十一世紀是一個突飛猛進的世紀。隨著科技的進步，人們不再敬畏自然，不但如此，還想盡辦法改造自然、掠奪自然、破壞自然、瓜分自然。人類在發展中墮落、在科學中愚昧、在折騰自然中自掘墳墓。

中國古代思想家，老子和莊子，都認為自然有著絕對強大的力量，人類的力量根本無法與之相比。《老子》中有一句話：「天地不仁，以萬物為芻狗；聖人不仁，以百姓為芻狗」。是祭祀時用草扎成的狗。「天地」指的是自然，「不仁」是無所偏愛。我們曾經無視，甚至批判過這種思想。也許，老子的思想多少有些宿命論的味道，但現在回過頭來看，老祖宗的思想絕不是不合理。在科學文明日益發達，人們日漸狂妄的今日，重溫這一段話，反倒生出一種深刻的親切感。距今二千多年前的老子、莊子，對於今日的許多高科技一無所知，但他們考慮的問題，正是今日人們所面臨和關注的問題。

牢記天災的教訓

人類走到今日，「回歸自然」、「珍惜自然」、「敬畏自然」、「順應自然」的口號喊得越來越響，越來越頻繁。然而，人類身處其中，又知道多少呢？人類到目前還無法對付自然災害；在可怕的地震、洪水面前，人類猶如惶惶待斃的小螞蟻。九二一大地震的記憶猶新，台灣的許多城鄉幾近毀滅，高樓巨廈像被酷斯拉踐踏過一樣，景象令人怵目驚心。電視畫面不斷放映倖存者的哀嚎，以及從瓦礫堆中挖掘出來的破碎肢體，罹難人數直線上升，四百、八百、一千、二千……。平常每一條生命都是「人命關天」，如今成千上萬的人命卻逐漸變成統計數字。這突如其來的天搖地動竟是台灣百年的空前浩劫。國際媒體大肆報導台灣的大地震，來自國外的人道救援陸續湧至。慘劇打

開了台灣的國際知名度，然而，這是多麼地無奈與諷刺呀！

桃芝颱風相繼肆虐，毀家滅村的消息，此起彼落的傳來；落石、坍方、土石流，直著、橫著衝向受災的村民。生命真的如浮游生物般的輕渺、石頭來了不知道怎麼逃，走到哪裡都是死路。羅娜溪洪流沖走尖石部落上的二、三十戶人家到現在還埋在巨石堆中。花蓮光復鄉的王林老太太活到七十多歲，一直以能徜徉在山水間過晚年，而感謝上天的垂愛。萬萬沒想到，桃芝颱風讓她在土石堆裡埋了好久才獲救。那種「半截入土」的恐怖，不身歷其境很難體會。

「哪來那麼多的石頭？」是每個人心中的不解。水有水路，土砂有土砂的流路。而野溪該怎麼奔流？多少流量？流速？搬運多少土砂、巨石？該有其定數吧！人為的控制，可能及於一時，但絕不會是永遠。山水的自然繁衍交替，總會叫人類自以為是的錯誤。

慈濟人蔡菊芳〈慈濟醫學暨人文社會學院社工研究所〉說得好：

每個人的生命韌性就像大愛二村路旁的油麻菜籽
隨處散落，也可以隨處生長
災難——
教我們敬畏自然，也敬畏人的可能性
短短的陪伴，一生的學習。
看到災難，我們學習到：
能夠再站起來，就值得喝采。
於是，我們敬畏自然，也敬畏人的可能性！

是的，環境不曾間斷地以無形的力量在進行雕塑人的工作，而身在社群結構中的我們，往往另有世俗的關注與追逐。我們的生命逐漸遠離自然而不自覺……。王家祥先生在他的《文明荒野‧漂鳥與蟬聲》一書中說：「我們是否得重新學習對自然的敬畏？對萬物的尊重？我想答案是肯定無疑的。敬畏自然萬物，

即是敬畏生命，尊重智慧。對自然存著一顆心的人們隨時可拾取野地裡的智慧。」

走出「三不」

我們體驗到各種大地反撲的可畏，明白「萬物之靈」也有變成「萬物之零」的可能；而自以為「人定勝天」的種種行徑也讓人興起不如「天人合一」的感嘆。科技豈是萬能？科技也有所不能！物質的無限成長不如心靈的提昇。

事實上，在日常生活中，有太多的事，是我們應該知道卻無從得知的；也有太多的事，是我們可以得知，卻沒有付出足夠關心的。這些都是與我們的生命息息相關，而我們卻生活在一種「三不」的環境中——「不清楚」、「不關心」、「不知所措」。

◎不清楚

我們「不清楚」局部與全面的清潔問題。我們不清楚自己居住的環境與飲食的潔淨度、不清楚住家附近的生態環境、不清楚自己如何污染環境、不清楚全球性氣候，水源污染以及森林流失的問題。

◎不關心

我們「不關心」已發生的公害污染及居民的抗爭問題。對受害的居民只是冷眼旁觀，甚至存著怨怪的心理，責難他們「非理性」的抗爭行為。

◎不知所措

由於我們既「不清楚」也「不關心」，等到自身遇到環保的問題時，則「不知所措」。如工廠製造污染、在空地上隨意傾倒廢物、隨便燃燒有毒害物品等，我們不知如何聯絡鄰里，起而抗爭，也投訴無門。

現代的高科技不能為我們解決愛滋病、臭氧層破

洞、環境污染等問題。現代的科技人也不能按一下電腦鍵盤就能分析、判斷出我們的良知、道德及公義。在我們專心一致追求「效率」、「利潤」的同時，大地變色了。我們在不知不覺中成為污染破壞環境的「共犯」而不自知。

美國有好幾家大型的速食店，張貼著像這樣的廣告：「本店餐盒與紙杯均可回收！光臨本店，既可享受美食，又不製造污染！絕不用為明天擔心！」這真是一句好得無比的「應許」。讓我們落實環境教育，讓我們正視生態保育的重要；讓我們從無知中走出來，使環境維護的信念深植於人心中。人人有心，人人用心，「自然」就在我家裡，讓我們一起來擁抱自然。

枯井中的驢子──小巨人朱仲祥

朱仲祥，陳水扁總統眼中的「生命勇士」，台灣人民心目中的「小巨人」，常常喜歡把自己比喻成「枯井中的驢子」，什麼是枯井中的驢子呢？

有一個農夫，他有一頭驢子。有一天，這頭驢子不小心掉落到一口枯井裡。井裡又暗又深，沒有水。驢子在潮濕、狹小的空間中打轉，不斷的哀嚎。農夫試著想辦法把牠救出來、一而再、再而三、七弄八弄，驢子受傷更重。農夫沒輒、也就放棄了。他拿了一把鏟子、一鏟一鏟的想把驢子活活的埋掉，結束痛苦的掙扎。於是，一落一落的土從井口落下，打在驢子背上。驢子受驚，猛力抖動身體，站穩在落下的土上，結果，驢子離開了枯井，也離開了死亡。

仰天長嘯，誓不低頭

朱仲祥，一生坎坷，卻真真實實活過。童年在淚水中度過的他，西元一九六五年出生，五歲時父母離

異，六歲時走路搖搖擺擺、不時跌倒。後經醫師診斷，罹患了「裘馨式肌肉萎縮症」，漸漸不能站立，只能爬行或藉助輪椅。九歲時，不知自己已血癌末期的父親，還背著他四處求醫。父親過世後，他由復健中心被轉送至「真光教養院」。此後的二十二年，朱仲祥就跟一些智能不足、自閉症的孩子們一起生活在教養院裡。

父親過世前，曾經告訴他：「靠知識的力量改變你的命運吧！」或許有人會覺得像他這樣的病例，能夠活下來就已經不錯了，讀什麼書呢？活著已是最大的滿足。但是，朱仲祥從來不這麼認為，他喜歡讀書，他要讀書。他努力自修，努力考學歷鑑定，一直到二十四歲上國中、三十二歲完成高中學業，考大學聯考也是屢敗屢試。他學英文、學打字、學電腦，學習任何能跟上時代脈動的新知。這一切，朱仲祥都是趴著完成的。

他說，自己趴在地上，以雙肘和雙膝為支點撐起身體，僵硬的脖子往後仰的姿勢是「仰天長嘯，誓不低頭」。日復一日，他不能自己洗澡、不能自力如廁、不能翻身，連睡覺都要戴著人工呼吸器。趴著，是他唯一能自主的動作。

這樣的人，隨時對抗命運、又隨時準備在主面前低頭的人，不但能教人電腦，而且可以用英文對外國人演講，這是連一般人都很難做到的事。這樣的人，要娶老婆、要有一個屬於自己的家；家裡要有和式的房間，朋友來的時候可以一塊聊天、泡茶。所有這一切幾乎不可能的夢想，他都做到了！他再也不是一個孤兒，終於有了一個家。

態度決定高度

朱仲祥是一個坦率、自信、驕傲的人。從不認為自己卑微、低下。他身體重殘，但心智十分正常。從

不抱殘守缺，自我設限。他熱切地告訴人們，他的興趣、他的能力、他的讀書計畫、他已經實現的心願、以及尚在企求的目標……等等。他在爭取機會與自我實現上，付出高度的努力，不但不給你、我任何同情的機會，反而以鬥士的姿態與人共勉。他的生命力表現在與頭腦有關的知性上。靠著自修而獲得的知識，讓許多人因為他的談吐不俗而印象深刻。事實上，讀書只要浸潤日久，自然會培養出不凡的心胸與視野。朱仲祥由此而產生了自信，常說：「一個人的態度決定了他的高度。」

只要還在呼吸，就有希望

為了生存、為了老婆、為了更大的工作目標，他四處演溝、寫書及募款。他逆境向上的故事傳至海外，先後應邀到新加坡、美國以及大陸等地演說。「只要能夠呼吸，就能活下去。」他說：「傷心是教育人生的功課，珍惜生命、擁抱希望，有愛才會有奇蹟，每個人生命都有價值，但唯有對別人付出關懷及愛，生命才會發出真正的光和愛來。」他又說：「運氣是當機會來臨時就已做好萬全的準備。即使機會未敲大門，也可以為自己敲一道門。網際網路就是殘障朋友獨立自主、贏得社會尊重最好的一道門。殘胞們一定要相信自己努力學來的這種技能，會讓自己真正得到尊重與贊助，而不是憐憫與施捨。」

他看到時下的年青人，動不動就為課業或感情自殺或殺人，十分痛心。他說：「自己心情低落時，也難免會有自殺的念頭，但克服的方法，就是多等一個小時、再等一個星期。」在一次的演講中，他說：「今天的陽光燦爛，不代表明天不會下雨；生命中充滿了未知，生活裡也是變數重重。人生中什麼是我們要掌握？什麼又是我們要留下的？那就是我們的『態度』。什麼態度呢？不放棄希望，不喪失信心。記住！

運氣是當機會來臨時就已做好萬全的準備。即使機會未敲大門，也可以為自己敲一道門。

～不斷學習，以應萬變

真正的悲劇一定比你想像的悲劇容易度過，真正的損失也一定比你想像的損失來的容易承受。」

以前，他常形容自己是「水泥匠丟掉的一塊沒有用的磚」。後來，他四處演溝，為自己打開了知名度。他所主持的「熱愛生命工作室有限公司」，從來沒有漏開過一張發票。甚至因為終於能達成「向政府繳稅」的目標而欣喜不已，雖然稅款不過是小小的兩萬元。他從收到的聽眾、讀者來信，肯定了自己的生存價值，也肯定了自己的人生經歷對社會有幫助。他的「態度」讓他成為一位巨人。

陳水扁總統在台北市長任內和朱仲祥結成朋友，稱讚他是「生命勇士」，邀請他為選舉「站」台。朱仲祥不是有什麼特殊的政治立場，只是想拋磚引玉，鼓勵不幸的人。就像九二一地震後，他應伊甸基金會的邀請，前往災區不停地演講，曾講到一半被送去急救。他不是不要命，而是太熱愛生命，相信「只要我還在呼吸，我就有希望。」

根據醫學報導，肌萎症患者會因為肌肉無力，最後導致心肺衰竭，國外患者平均存活年齡是二十點四歲。當年，醫師曾斷言他活不過十五、六歲，不過活到三十七歲的朱仲祥突破了這個年齡的限制，讓自己比醫生預言的壽命多活了二十一年；也讓自己成為國內活得最久的肌肉萎縮症患者；同時，他也超越了生為孤兒、殘障者的宿命，成為國人心目中的生命勇士。朱仲祥的呼吸雖然停了，可是他留下的希望火種不滅。

當下痛苦，使未來幸福

人的一生中總會遇到大大小小的挫折，雖然歷經時間的療養，任何痛苦都會淡化，但在面臨的時候，難免令人特別難受。如何看待挫折，可以從心境的調適著手！

都市人文教基金會董事長陳公亮牧師認為：苦難、挫折的產生是上帝的安排與計畫，就如同孟子所說「天將降大任於斯人也，必先苦其心智、勞其筋骨、餓其體膚、空乏其身⋯⋯。」惟有經過苦難、挫折，一個人的成長才會更好，成就也才會更大。因為在面臨挫折或苦難時，不要灰心喪志，認為自己一生完了。不妨把它當作上帝的安排，把眼光放在未來，堅信現在的痛苦會造就未來璀璨的人生！

「生命！生命是什麼？是小飛蛾的掙扎求生？是瓜曲的挺立苦長？是自己的心跳撼動？還是征服病魔的毅力？生命是美麗的，生命卻也是充滿挑戰的。如何彩繪出生命亮麗的天空，活力皆源於自己。生命的豐美真實存在，缺陷也真實存在，唯有在生命中把負面轉成正面，希望才會實現。」

重塑正確的價值觀

人是群體社會的動物，而現代的人不論學業、工作、處處要求成就、成功。這樣的競爭，帶給人們極大的精神壓力，進而產生無望感。大多數的人走在人生的道路上，會因為各種各樣的慾求，而有不同的苦楚，都很辛苦。

根據聯合國世界衛生組織的警告：在二十一世紀中，自殺將成為人類的第二大死因。每個人都可能有千百萬個想要自殺的理由，覺得「人生沒有意義」是共同的想法。於是乎如何將沒有意義的人生轉化成永恆的生命，就很值得我們來探討。

專家學者認為學習他人的經驗，例如，小巨人朱仲祥在面對苦難時的精神和勇氣、摒棄愛比較的心理、不汲汲於成敗、注重心靈的改革，都不失為可行的辦法。而所謂心靈的改革，是指調整或重塑一套正確的人生觀與價值觀。對生命中的自我，人群社會，自然界與物質，以及宗教信仰四個領域採取適當的態

要經過多少風霜，才能真正長大？
要承受多少心碎，才能找到真愛？
要擦乾多少眼淚，才能學會溫柔？
要經歷多少失敗，才能學到經驗？
要經過多少痛苦，才能懂得悲憫？
要嘗試多少失去，才能懂得珍惜？
要經歷多少滄桑，才能惜福感恩？
要迷失多少路程，才能找到方向？

啊！生命，啊！生命，
生命是首無言的歌，
亙古唱到今，
誰能識透？
誰能看穿？
誰能說盡？
這千種心情，千般滋味，
不要問我生命是什麼？
生命自己會告訴你答案。

～杏林子

82

度；即對自己要「約」、對別人要「恕」、對物質要「儉」、對神明要「敬」。

我們將會發現人類的心靈是最有價值的資產。因為其中蘊涵了豐富的潛能，只要善加開發，就能使人活得有樂趣、有尊嚴、有意義，自然能將沒有意義的人生轉化成永恆的生命。

◎對自己要「約」

處於資訊化的時代，人的注意力由於過多的訊息而模糊焦點，以至於在語言及行動上逐漸失去了自主性，淪為群眾之一。而經濟的發展與消費能力的提高，更使個人的慾望無止境，無暇顧及內心的需求。因此，對待自己要以約束為原則，經常省思自己的言語及行動，看看是否符合規範，亦即是否「守法而重禮」。在遵守法律的同時、我們更應推崇禮儀、禮節、禮貌，使自己成為「文質彬彬」的君子。

約束自己，才會謹慎選擇我要，也才會珍重我選擇。同時，約束自己，會有較多的時間與精力照顧自己的心靈。

◎對別人要「恕」

人們由於信仰、種族、語言與生活習慣等種種的差異，彼此要相互瞭解相當困難，再加上現實利害的考量與歷史恩怨的糾結，相處更難。針對這一點，孔子的建議是「恕」：「己所不欲，勿施於人」。這是出於自覺與感覺的雙重作用，先察覺自己的主動能力，再運用同理心把自己當成別人來設想，然後就會尊重別人一如尊重自己。因此當我們將人界定是社會的動物時，意思是：個人將在社會中，發揮正面的作用，以求貢獻於社會，並且也藉此完成了個人的天職。恕的原則不僅適用於個人與個人之間，也適用於群體與群體之間。

◎對物質要「儉」

　　物質是指有形可見的一切資源，包括自然界以及生活上的物質用品。現在各國均已警覺環境保護的重要，對自然資源與野生動物寄以特殊的關切。但是，另一方面，在消費主義的影響下，簡樸生活的呼聲依然十分微弱。

　　選擇簡樸生活的理由中，除了自然生態岌岌可危之外，還有貧富差距的考量。在全球貧富差距高達六十倍的情況下，只有倡導簡樸生活，才能使貧者對富者不致懷有太深的怨恨，也才能使富者願意分享其資源。最重要的是，物質的享受容易使人忘記心靈的需求。只有簡樸生活，才會使人體悟心靈的豐厚，而從事求知、審美、信仰與愛人的活動。

◎對神明要「敬」

　　仔細追溯各個文化傳統，皆可發現其中有豐富的資料，談到人與神的親密關係。這種關係在宗教裡，固然形成具體的表達方式，但是就算不談特定的宗教，每一個人也都對於生死、命運、痛苦、罪惡感到迷惑難解，因而對於超越的神明世界覺得敬畏與嚮往。

　　對神明敬畏，就是對人的生命源頭與歸宿表示敬畏，就是對人的生命過程以及它所帶來的責任表示敬畏。缺少這種敬畏，人無異於動物，而人類社會也不過是都市叢林而已。有了這種敬畏，人才能以誠懇的態度面對生命中的一切。

　　以上所論四點，涵蓋了人類生命的四個領域，是自古以來人們所無法迴避的。人生的意義就在於因應這四方面的挑戰，不斷激發心靈潛能，使自己由成長趨於成熟。人生的意義，並不是「有沒有」的問題，而是「如何」去實現的問題。只要確定這個觀點，就是心靈改革的第一步。

　　我們相信，任何文化傳統中都有某些普世價值，中華文化亦不例外。它是一套人文主義，但是並不是

封閉的個人主義，而是由個人出發，向著群體開放，
向著自然界開放，並且向著超越世界開放。只有兼顧
這四方面，人的心靈才能進行全方位的運作與發展，
也才能真正肯定人生的意義。

重視人與人文的價值

現在的教育，人文學科普遍沒有受到充分的尊重
和鼓勵，甚至被人忽視。人們只要求可以「短期」、
「量化」、「客觀化」、最好可以「機械化」的研究和出
版。而人類的文明可以說是點點滴滴的累積和絲絲縷
縷的存蓄，就算是全線全面、短期的專案研究和出
版，也不足以令人類成就更偉大的文學和藝術，孕育
出更深刻的哲理，激發出更優美的道德。

人類自身的探索：「我是誰？」、「我為什麼要讀
書？」、「我為什麼要工作」、「我為什麼要結婚？」、
「我到底要什麼？」、「我是怎麼樣的一個人？」，那麼
多的「為什麼」，只有我自己有答案，只有我自己能將
它實踐。也只有我自己能擁有。這就是人的價值。

時至今日，科技再發達，機械人再高明，也不可
能製造「高科技」感情。科技的發達，除了大量浪費
資源和能源之外，製造出多少人性的污染，留下了多
少文明的公害。期盼二十一世紀的人類在享受文明、
科技、政治進步的同時，更重視人和人文的價值。

保有永續生存的環境

眾所周知，科技和人文的發展皆起源於人類的好
奇心且理應為人類服務，但現在科技發展所面臨的難
題，不在於科技是否能因應人類的需求，在於人類如
何運用科技知識，為自然和人類的永續發展謀福利。

眾所周知，科技和人文的發展皆起源於人類的好

奇心且理應為人類服務，但現在科技發展所面臨的難題，不在於科技是否能因應人類的需求，在於人類如何運用科技知識，為自然和人類的永續發展謀福利。

中國人講求天人合一，時代演進到現在，更應體認人與環境的關係。人類是地球生物圈的最終產物，細菌是從土壤中找到、藥物也是從生物中發現，人與人、人與動物人與植物理應相輔相生，不是相剋的。科技人可以發揮創意，找出解決地球生態的方法，為人類永續生存於地球提出更理想的方案。

二十一世紀的人類更應該擴大胸懷，關注地球生態、環保問題；塑造一個可以讓人類永續生存的環境。而隨著資訊網路科技的發展，地球村已漸漸落實。國家的界線已不那麼重要，跨國公司扮演的角色日趨重要。不過，由於各國的語言與文化會在全球化中留下來，培養尊重不同文化的胸懷，與肯接納有科技與人文素養的新文化人，也很重要的。

期盼二十一世紀的科學家和企業家能兼具宗教家的情操與哲學家的修養，在發展科技的同時兼顧自然生態和平衡和永續性，發揮人道主義的精神，將個人的「小我」融入宇宙環境的「大我」，最終達到「無我」的境界。

生命隨堂測驗

1. 過去五年來，你的「健康情形」、「感情生活」、「生活品質」更好還是更壞？為什麼？你如何適應這樣的轉變？

2. 你有多久沒看天上的星星？

3. 你熱愛生命嗎？你如何表現你的生命力？

4. 你覺得你的人生有意義嗎？為什麼？

成就學業，
追尋事業

學習是一種成就，
工作是一種追尋。
能夠同時追尋自我認知和金錢，
是為了生命中的驚喜而非麻木。

不停滯的學習與追尋

有人說:「每一個理想的人物,其自身即代表一門完整的學問。每一門理想的學問,其內容即形成一種理想的人格」。又有人說:「先有偉大的學業,才能有偉大的事業」。人的一生,不論你想要的是什麼,你期盼過的是什麼樣的生活?你擅長的是什麼?你如何活下去?你會有什麼樣的成就?這一連串的問題都沒有絕對的答案,但都會透過「學習」與「工作」中摸索完成。

時時學,處處學

學習是一輩子的事。南華大學人文學院生死研究所所長紐則誠,二十歲時選擇進哲學系,四十四歲時決定離家南下辦生死所,他說:「我在教生死學,不如說我也是生死學門牆之內一介學子。生命的功課何其淵博深厚,又怎麼一一參透道盡呢?雖不能至,心嚮往之,我從『活到老可以學到老』的終身學習機會中,體認出『學到老始能活到老』的未雨綢繆真諦。」

人的一生都在學習。學前教育、幼稚教育、國小教育、中學教育、大學教育、研究所教育、成人教育、終身教育。每一個階段的教育都有它的目標、內容與方法。但求學的場所並非都局限在學校。

從那個五歲的孩子到我自己
僅僅是一步
但是從那個新生嬰兒
到那個五歲的孩子
卻是一條可怕的長途

～列夫‧托爾斯泰

無處不可學習

　　有一位只受過中學教育的男士。在採礦方面有非常豐富的經驗，上了年紀以後，他決定重返校園接受正式的教育。費了好大一番功夫，他終於說服了大學當局，念在他對採礦有多年實務經驗的份上，接受他的就讀。然而，幾個月之後，他竟放棄了學業。

　　「你在搞什麼？」訓導長疾言厲色地說：「你不是認為受教育對你很重要嗎？更何況我們也是大費周章才讓你進來讀的。」

　　「教育！」這位先生嗤之以鼻：「這裡的老師所教的，沒有一樣比得上我自己在採礦中所學到的。他們從我身上學到的才多呢！還能教我什麼？」

　　學校所使用的教材是經過設計、規劃的，大部分理想多於現實、理論多於實務。而從事教育的人很少嘗試用真實的結果來驗證各種的理論，以為這樣一來可能背叛真正的學術精神。

　　「真正的偉人關注於現實，而闡述者則是從關於現實的書本中，找尋知識與信仰。」世界上，在不同的領域，有許多的偉人，譬如科學家、思想家、老師以及領袖，他們有些不是未完成正式的教育，就是在學校表現的很差勁。愛因斯坦的老師認定他這輩子不會有什麼出息；愛迪生只勉強接受了三個月的正式教育，最後他們的老師親自把他送回家，附上一張紙條說：「無法教導」──其實就是說他是「笨蛋一個」。哥德則發現在學校正規教育中接受的同化教育沒有什麼價值。事實上，後來他也宣稱，沒有一間大學的課程能讓他保持興趣。

　　所以說，教室不是求學的唯一場所。在教室裡老師有老師的身分，學生有學生的身分，離開了教室，老師與學生都只有一個共同的身分──學生。學習如何負責盡職，尊重自己，尊敬別人。

肯定，是學習的動力

　　我們的教育之所以失敗，往往是教得太多，學得太少，學生主動學習的意願不高。為什麼呢？一位心理學家曾經做過一次很有趣的試驗。三組兒童同時學習算術，在五天的試驗中，第一組兒童經常在練習簿上看到教師良好的評語；第二組只看到錯誤的眉批；第三組練習本子，每天都是原封不動的退回。五天之後，在一次總測驗中，顯示第一組兒童有極為顯著的進步，第二組成績平平，第三組成績極差。

　　遺憾的是許多的父母、教師，基於愛之深，責之切的心理，往往對子女、學生的要求，超過了他們的能力範圍。使得他們在幾經嘗試，屢屢挫敗之後，否定了自己。在一次又一次學業的失敗中，一而再、再而三的不能完成某種工作之後，備受父母責罵，因而痛恨父母、老師，疏遠過去的朋友。久而久之，養成不正常的人格。

　　他們大多對學習沒有興趣，上課時也漫不經心。然而作業馬虎，成績低劣，經常惹事生非的學生，是不會受到老師與同學喜歡的。由於他在大家心目中頑劣不堪，無法造就，自暴自棄、自我否定之餘，很自然的，放棄了一切學習的意願每動力，成為一個更壞的學生。

　　很多生長在中下階層的學生，學習興趣並不高，生活習慣也亟待改進。可惜的是，為人師者很少給予適時的輔導。甚至因為他們的言語粗俗、性格倔強與行為粗野，而不給予應有的協助。這使得他們更加沒有興趣去學習。而這些低成就的學生，由於經常被人家嘲笑、批評，而不敢與他人建立應有的人際關係。甚至在內心深處，埋下反社會、報復的心理，令人深以為憾。不幸的是，現在的社會，有計畫的教導年輕一代，應該消除有色眼鏡的太少，有意無意的，在助長他們各種偏見的形成又太多！

學而不思則罔

　　如果一個人的腦袋只是被填鴨式地塞滿了各種的書本知識；如果一個人不懂得將學校裡所學的知識，諸如數學、物理、歷史……等等應用在日常生活上，用創意來解決日常生活中所可能會發生的問題；如果一個人被動、不積極，教一樣，學一樣，而不會運用思考，研究如何觸類旁通，舉一反三；沒有旺盛的求知慾，又不肯下工夫去學習，那麼，你會發現他們對於一般的事務與人生的瞭解，將和真實經驗完全脫節，對自我的瞭解更是匱乏。學習的目的，在於幫助我們做好準備，踏實迎向人生。因此，學校的教育應該幫助、鼓勵孩子從生活中學習，同時以懷疑的態度檢視那些不曾被質疑過，而代代相傳的知識內容。

　　莊子有一則故事可以給我們一些啟示，題目是「做車輪的老人」。

　　有一天，桓公在堂上讀書，木匠正在堂前做車輪，木匠放下了椎子和鑿子問說：「請問您讀的是什麼書？」桓公說：「我讀的是聖人的經典。」木匠再問：「寫書的聖人現在還在嗎？」桓公回說：「早就死了。」木匠嘆息地說：「那您所讀的不過是古人的糟粕而已！」桓公大怒地說：「你說什麼？您講個道理給我聽聽看，如果你胡說八道，我就把你處死。」木匠不慌不忙地說：「請息怒，聽我說吧，我是做車輪的人，做車輪時刀子下得快，就省力氣些，但車輪不圓；刀子若下得慢，就很費力氣，但會比較圓，所以最好的技術是下刀時不快不慢，得心應手，但這不快不慢得心應手的功夫，我卻不能傳給我的孩子，所以我現在七十歲了，還在做車輪，這樣看來，古代聖人所得的大道不能傳下來，不是很明顯嗎？那您所讀的書不是古人的糟粕而已嗎？」

學習的目的，
在於幫助我們做好準備，
踏實迎向人生。

〜不停滯的學習與追尋

最好的老師就是自己

　　有許多的父母，為了孩子有好的學業、好的成績，送子女上補習班。天天補習，日日記誦。學生的腦袋裡塞滿了各種被迫吸收的知識，從來沒有給自己留一點時間，和自己說說話，問問自己：我在做什麼？我想做什麼？我應該做什麼？……許多的父母在教育子女時，也捨不得讓孩子自己嘗試，怕子女受苦，家中所有的雜事父母自己一肩挑。這也會使得孩子喪失了學習的機會，以至於成為不能負起責任和獨立思考的軟腳蝦。

　　鄭石岩年輕時，跟著父親學做生意。有一天，他父親帶他到宜蘭市果菜市場，購進一百來斤的水果，要他用腳踏車載到羅東市場賣。那時鄭石岩才高一，不知道羅東市場在哪裡，更不清楚路怎麼走。他才開口要問父親，就遭到大罵，喝令他「還不趕快去！」他父親嗓門大，罵起人來像打雷。鄭石岩跨上腳踏車，載著百來斤的水果，使勁地猛踩，出發了。

　　可是，羅東市場在哪裡他並不清楚，但他知道通往羅東的公路。因此他全速在公路上奔馳。他心想，只要速度加快，一定可以趕上一位載著果菜、趕往羅東市場的商販。果然不出所料，約莫半個小時，就跟定一位滿載水果的同村長輩，駛向羅東市場。

　　他從容地跟著那個長輩，駛進羅東媽祖宮對面的批發市場，順利把一百餘斤的水果賣出。鄭石岩賺進新台幣九元，那是一九六二年的事。那時，他能在一清早賺進九塊錢，心裡頭很溫馨，覺得自己很有本事。從此，他學會做買賣。他知道再也不會挨餓了，因為他有勇氣自己摸索嘗試，也充滿信心。這個本領是他往後克服經濟困境，順利求學的基礎。

　　鄭石岩相信最好的老師就是他自己。事實上，任何一位良師益友，在學習的過程當中，都只能引我們上路。俗語說得好：「師父領進門，修行在個人。」真正讓我們學到本事的是我們自己。因此，每一個人

都要發展自己的主動性和自信心，不斷往前探索、歷練，就能學會真功夫。

歡喜做，甘願受

從完成學業，離開學校，步入社會做新鮮人開始，我們即進入了人生的另一個重頭戲──工作的階段了。從被呵護的人變成呵護人的人，從一個消費者變成一個生產者，從家庭、學校走入社會，終於可以發揮所長，貢獻國家，成為一個可以安身立命的人。

工作在我們生命中有多重要呢？在〈工作〉一文中史達茲‧特凱說得好：「工作是一種追尋。能夠同時追尋生活意義和麵包，自我認知和金錢，是為了生命中的驚喜而非麻木；簡單地說，工作所追尋的是一種生命的活力，而非一個從星期一到星期五固定的僵硬生活。」

人生永遠離不開工作的，只要你活著一天就得工作。就廣義來說，工作應包括有償與無償（義工與家庭主婦）兩種；狹義的則只包括有金錢報償的那種，即所謂的「職業」。

什麼是職業？

嚴格來說，職業是指個人所擔任的工作或職務，但須具備下例條件：
- 須有報酬：因工作而獲得現金或實務的報酬。
- 須有持續性：係指非機會性、非打工性質；但從事季節或週期性的工作亦認為有持續性。
- 為善良風俗認可：所從事的工作雖可獲得報酬，但不為善良風俗所認可，不認定為其職業。
- 凡幫同家人工作間接獲得報酬，而工作時間在

工作是一種追尋。
能夠同時追尋生活意義和麵包，
自我認知和金錢，
是為了生命中的驚喜而非麻木

～不停滯的學習與追尋

一般規定的三分之一以上者，亦認為有職業。其有工作而無報酬，義務從事社會公益工作者及有收益而無工作者，如醫院的義工、依靠財產生活者，均不認為其有職業。故職業與行業不同，行業係指經濟活動部門之種類，包括從事生產各種有形物品及提供各種服務的經濟活動在內，因此每一行業，因分工的關係，常需不同職業的工作者；而同一職業的工作者，常分布於不同的行業中。

有哪些職業？

日本松下電器公司董事長松下幸之助在其名著《路是無限的寬廣》中提及：「每個人必須認識自己，瞭解自我的個性、志趣和能力，才不會對不適合自己的工作怦然心動，能徹底的忠實適合於自我的職業，不要迷惑於名譽和利慾，心中要有不動搖的信念，則不論從事哪一行業，都會邁向成功的大道。」

選擇職業應考慮到個人獨特的人格、性向、智慧、能力、興趣等內在心理因素，配合外在的環境因素，發展出個人的自我意識、價值觀念。譬如：

- 你喜好具體事物，手巧，又有勞動的興趣，你也許可以從事汽車修護工作、農業性工作等。
- 如果你的個性內向，不喜歡與他人有太多的接觸，但會思考、觀察分析、研判、推理、評量，來解決問題。你也許是科學家、化學家、人類學家、生物學家等。
- 如果你個性外向、熱情、善良，有偉大的情操，喜歡與他人相處，有良好的溝通技巧與人際關係，你也許是個教育人員、宗教人士、諮商輔導人員。

在決定職業時，每個人如果考慮、選擇、從事和自我人格類型相同的職業，可以收到相輔相成的功

效，更能展現所學，發揮潛能，達成自我實現的目
的。

如何挑職業？

◎選你能做的

　　這對一些人來說非常容易，對其他人來說則不是
那麼容易。你可以評估自己的實力，作好計畫，努力
去實踐。不要挑剔、不要遲疑、現在就去做。有一位
在一家企業負責人事的經理曾經感嘆的說：「每一次
畢業分配總會碰到這樣的情形：大學生與中學生、職
校生相比，我們認為大學生的素質一般比中學生、職
校生高。可是現在有的大學生自詡天之驕子，待遇要
求高不說，到了公司不管能力如何就想唱主角。別說
挑大樑，真的找一件具體的工作讓他完成，又是拖泥
帶水，又是漏洞百出。本事不大，心卻不小，還看不
起別人。大事做不來、做事的，不成事，光要那大學
生的牌子做什麼？所以有時候相比之下，中學生、職
校生反而還更實際、更有用。」

◎選你有興趣的

　　人不應逃避工作，但要找適合自己能力與興趣的
工作。這就不必承擔過重的心理壓力，去適應工作的
情境。也才能使自己的能力得到較好的發揮。

　　選擇自己所喜歡的工作，有時也是需要非常有勇
氣的。也許工作本身是忙碌的，甚至瘋狂的，也許會
有經濟上的壓力，也許和旁人的意見相左。但是，當
你做的是你喜歡的工作時，你就不會再懷疑自己和自
己的選擇。某君，只有初中學歷，從小很會畫漫畫，
十五歲時立志以漫畫為業，父母順其自然，他無怨無
悔，樂在其中。終以漫畫帶領現代人進入詰屈聱牙的
「古典」世界，不但刮起了一陣旋風，也囊括了七成的
漫畫市場。

◎選你所愛，愛你所選

　　人們選擇他的第一份職業，是非常重要的。雖然第一份職業，未必就是終生、唯一的職業，但是一個想有所作為的人，是不能三天兩頭換職業的。經常更換職業的人，如何能夠專精本行呢？更別說是出人頭地。所以，我們還要能喜歡自己的工作，愛自己的工作。這樣工作就更容易有創意，獲得成功的機會也就更大。成功的人都懂得從工作中看出意義和價值，並因而孕育出埋頭苦幹的精神。

◎從「要我工作」到「我要工作」

　　從「什麼是我到可以一生努力去做的工作？」到「希望能快一點找到我要做的工作！」再到「這就是我要一生奉獻的工作。」內在的吶喊，可以轉換工作的意願，使人湧出神聖的使命感，變「要我工作」為「我要工作」，而把自己當成公司的主人。這時候的他，絕不會眼光只盯著自己手頭的幾件小事，他會主動地學習、觀察。當還只是普通職員的時候，他就已學會了組長的工作；當組長的時候，他就會學了科長的工作；當科長的時候，他就學會了主任的工作；在主任時，他就學會了總經理、董事長的工作……。如果你對自己所選擇的工作具備這樣的精神，成功只是時間的問題。

◎在工作中學習成長

　　不論所服務的公司規模大或是小，不論自己的職位高或是低，不論自己所拿的薪資比人家多或是少，時時以感激慈悲的態度對待工作。心中常想：「如果我沒有這份工作，生活如何維持？生命又何能成長？即便成長，又要付出多麼痛苦的代價！」

　　我們要在工作中成長、結緣、累積經驗和智慧。就算工作得既久又辛苦，我們無怨也無悔，甚至樂此不疲。我們知道「我們並不總是能夠選擇我們自以為

適合的職業。我們在社會上的關係，還在我們有能力對它們起決定性影響以前，就已經在某種程度上開始確立了……。如果我們選擇了能為人類福利而勞動的職業，我們就不會為它的重負所壓倒，因為這是為人類所做的犧牲；到那時，我們感到的將不是一點點自私而可憐的歡樂，我們的幸福將屬於千萬人。我們的事業並不顯赫一時，但將永遠存在。」

自行創業，勿操之過急

世界上，大部分的薪水階級都懷著一個夢想，希望有那麼一天能在自己的小船上做一個船長，而不用在鐵達尼號上擔任一個普通的小船員。自行創業當老板，成為成功故事中的主角，那是多麼美妙的一件事呀！一個人當然要有志氣，希望自己的工作，愈來愈受到肯定，不只當個小職員，將來也有機會當個大老闆；然而不是每一個人都有能力開創一番事業，也不是每個人一開始工作，父親就已留下許多事業等待他去經營。一個事業的經營者，如同交響樂團的指揮，前者必須熟悉工廠或公司每一部門的業務，後者必須掌握每一個演奏者的樂器性能和音樂特質，才能協調一致。有一則發人深省的故事：

有一位哲學家上了渡船，在過河途中便問船夫：「你懂得宇宙論、知識論嗎？」

船夫說：「不懂。」

哲學家說：「那麼你已失去人生三分之一的價值。」

接著哲學家又問：「你懂得人生的意義嗎？」

船夫說：「不懂。」

哲學家說：「那麼你又失去人生三分之一的價值。」

接著哲學家又問：「你懂得信仰和美嗎？」

如果我們選擇了
能為人類福利而勞動的職業，
我們就不會為它的重負所壓倒，
因為這是為人類所做的犧牲；
到那時，
我們感到的
將不是一點點自私而可憐的歡樂，
我們的幸福將屬於千萬人。

～不停滯的學習與追尋

97

船夫說：「不懂。」

哲學家很感慨地說：「你又失去人生三分之一的價值。」

這時，船正好在激流中觸礁，船底破了個大洞，水湧了進來。

船夫問哲學家說：「你會游泳嗎？」

哲學家說：「不會。」

船夫說：「這下子你失掉全部的人生價值。」

　　光憑知識、空想，用自己想當然爾的見地，沒有實際力行的經驗，更沒有從經驗中得到任何真功夫，是不可能成就不凡的事業。而能說出來的不是真正的經驗，真正的經驗只能給自己用，別人也偷不走。事實上，高學位如果缺乏實務的經驗，對事業所帶來的風險也更大。有些人會有這樣的想法，辭職後並不馬上到別家公司服務，而想利用在公司所學的初步技術來自行創業。這個想法不是不好，但心態上不可操之過急，就如同走路還跌跌撞撞的嬰兒想跑，會修理汽車就想要生產汽車是一樣的道理。不如在企業中從頭到尾學習透徹，磨練夠，才考慮創業的可能。否則只會使自己和家庭陷入困難的境地。

　　以往的社會，想要過好的生活就非拼不可，因為「貧窮」讓許多人產生創業的憧憬。但現在的生活環境太安定，給年輕人的原動力不夠，也許只會向父母需索金錢，要創業，當老闆，開公司，但因為好高騖遠，做事不落實，很快就又關門大吉。能在自己的小船上做一個船長固然美妙，海上的風險不可不知，不如學會當個好學徒，再來談如何當老闆。

敬職業，樂學業

　　人生起起伏伏，得得失失，有順有逆，有勝有負。人的一生，有歡樂有痛苦，有成功有失敗。如果

把你的人生比喻成一道數學演算題，在日常的加加減減中，最後你希望得到的是正數還是負數呢？雖然這是一個不需要回答的問題，但是，如果我們不學習、不工作、「飽食終日，無所用心」、「群居終日，言不及義」、「猶如老牛，肉雖多卻沒智慧」，人生鐵定是負數加負數。

唐朝有一位名僧百丈禪師，常常用兩句格言提醒自己，同時教訓弟子：「一日不做，一日不吃飯」。他每天除了上堂說法之外，還要自己擦桌子，洗衣服，兼掃地，直到八十歲，天天如此。有一回，他的門生想替他服務，把他那天應該做的工作悄悄地做了。這位言行一致的老禪師那一天便不肯吃飯。

人的一生為生活而工作，為工作而生活。而學習，不斷的學習，則為我們揭開生活中許多的樂趣與真相。所以說，人的一生是要透過「學習」與「工作」中完成的。只要三業──學業、職業、事業做好，人生的那道數學演算題就不會是負數了。

如何做好呢？「敬業樂業」四個字而已。

敬業

凡做一件事，便忠於一件事，將全副精神集中到這件事上。敬業就是責任心，將事情做圓滿。

故人痀瘻丈人說：「雖天地之大，萬物之多，而惟吾蜩翼之知。」痀瘻丈人忠實於他的工作，把捕蟬這件事看作生命一般，而他高超的捕蟬技巧，正是來自於他對工作的忠實態度。這就是一種敬業的態度。同時這也間接說明了一個道理：只要忠於一件事，心無旁騖，專心一致，就可以把工作做到圓滿的地步。

曾文正說：「坐這山，望那山，一事無成。」凡做一件工作，便要把這件工作看作是自己的生命，無論有什麼利益好處，也都不肯犧牲現在正在做的工作，來和別人交換，這就是敬業。

樂業

「凡做一件事，對這件事產生樂趣，就是樂業。」

事實上，「苦樂全在主觀的心，不在客觀的事。」快樂，它只是內心的自足，一種自我價值的肯定。譬如登山，要爬上一個懸崖談何容易，每前進一步，都要付出很多體力，而且一不小心，可能會摔個粉身碎骨，危險極了。但是對於登山健兒來說，登山的「苦」恰恰是一種「樂」。當他以堅強的意志戰勝一切困難，登上山巔後，他會覺得天更寬，地更廣，天跟他更接近了，太陽向他微笑，雲彩為他起舞；他用信念、力量和汗水，換來了快樂。有的人恰恰相反，生下來就想吃現成，一切最好唾手可得。就算一般人認為快樂的事，他們也覺得辛苦。你說唱歌快樂嗎？他說費勁。你說早上跑步能鍛鍊身體嗎？他說跑步會流大汗，還是睡大覺舒服。一個人如果沒有正確的苦樂觀，甚麼事情也做不來。

什麼樣的人最苦呢？梁啟超認為「天下第一等苦人，莫過於無業游民，終日閒游浪蕩，不知把自己的身子和心擺在那裡才好，他們的日子真難過。第二等苦人，便是厭惡自己本業的人，這件事分明不能不做，卻滿肚子裡不願意做，不願意做逃得了嗎？到底不能。結果還是皺著眉頭，哭喪著臉去做。這不是專門自己替自己開玩笑嗎？」

今日的社會，分工精細，工作不只是為了生存，也是個人生命價值的重要依據。生命價值的高低不是取決於工作職務的高低，而是取決於你面對工作時的態度。如果對自己的工作和職業能夠抱持著「我要工作」而不是「要我工作」的態度，化被動為主動，不使自己變成工作的奴隸，而為工作的主人，樂在工作，從工作中體驗樂趣，一定會加強生命的深刻度。

敬業樂業的朱教授

　　朱教授出身寒微，三歲喪父，年輕的寡母靠著替人幫傭，撫育六個嗷嗷待哺的兒女。因為家貧，兄姊都失去升學的機會，唯獨他不畏困苦，一直靠打工完成學業。賣冰棒、餵豬、挑石頭……，對一般人來說只是小說或電影的故事情節，卻是朱教授早期生命的寫照。貧苦人家的孩子比較早熟，當別人還在無憂無慮地享受歡樂童年時，他已開始要向苦難的人生挑戰；當別人的大學生涯，準備「由你玩四年」時，他對未來的發展，已有周詳的規劃。終於，三十二歲那年，朱教授就獲得國家文學博士學位。十幾年來，他著有《兩漢文學理論之研究》等八本學術論述，超過一百萬言，多次獲得政府的獎勵。

　　身為教育工作者，他奉獻心智，無怨無悔。身為社會工作者，他熱心服務，勇於負責。身為文化工作者，他才華洋溢，學養俱豐。

　　一個人的成功，絕不是偶然的，也不是僥倖的，朱教授在許多方面的傑出表現，更是他敬業樂業的有力證明。

生命隨堂測驗

1. 你覺得受教育的目的是什麼？

2. 你認為找事靠關係還是靠本事，或者別的？

3. 如果打算創業資金不夠，你會如何籌措？

4. 你如何敬業（任一種業）？

心靈的大補丸──

信仰

宗教的目的在助人解脫生命中的煩惱和痛苦，
使人可以「勇敢」地活在世上。
並在面臨死亡時，
懷著來世的「盼望」。

生命總會
找到出路

貧瘠心靈的救贖

人生在世，有太多的苦難與迷惑，無法光靠自己的力量克服。信仰在此時扮演很重要的角色，尤其是碰到災難、面臨生死存亡、掙扎求生的時刻。

一個在美國西南部沙漠中迷失、失溫被救的女人說：「我知道如果我停下來，而且睡著的話，我便會死去。所以我一直走動，我感受到一股力量，我不害怕，我覺得我已經成為周遭環境的一部分，我成為上帝的一部分。」

台中縣沙鹿有一位先生得了癌症，被人送到私立的綜合醫院急救。他住院以後，經常發出痛苦的呻吟和慘叫聲。有人請法師到加護病房助念。法師對他扼要地開示後，給了他一台自動倒帶的隨身聽，裝好電池，放上念佛的錄音帶，替他戴上耳機，不久也就離開了醫院。他戴上耳機聽念佛，一遍又一遍，不再有呻吟聲；又一日一夜不停歇，他往生了，帶著微笑。

有些老人家辛苦了一輩子，撫育兒女成年、成家，可是有的兒女展翅高飛，旅居異國；有的兒女忙於事業，數月難得一見；有的則子女不孝，婆媳不和……以至晚景淒涼。他們從宗教中得到安慰與寄託。

事實上，我們不能也不應該，期盼從上帝或是阿彌陀佛那裡得到多少好處，而是藉著對上帝或阿彌陀佛的敬重，知道自己能做什麼，不能做什麼；應該做什麼，不應該做什麼。順應天意，承受命運。

輪迴，談佛家的因果循環

有生必有死，死生有命。但對大部分的人而言，都不願意提起「死亡」。我們可以害怕死亡，可以故意

……我暫時放棄寫作——
這世上已有太多的真理——
這是一種顯然消費不了的
過剩生產！

～奧托‧蘭克

去忽略它，但一定會有面對它的一天。輪迴觀念幫助我們減低對死亡的恐懼，讓這一生活得更好。同時，思考死亡，也思考死後會發生的事。

有人說，輪迴是：人死後，靈魂脫離肉體，重新以另外的生命體出現。尼采在《永劫回歸》一書中說：「我們信念是，依你希望再活一次的方式去生活——那是你的責任——因為你無論如何都會再有一次生命！」也就是「來生」。有人說，輪迴可以解釋生命中許多不可思議的事情，能夠為生命中的各種苦痛，提供有力的理論依據，洞察內在不為自己所知各種人格特質。例如，有一個患有非常嚴重偏頭痛的婦女，是因為在她的前世，出於嫉妒用凶器擊她男友的頭部使其致死。有一個天生瞎眼的人，是因為在他當羅馬士兵的前世裡，弄瞎了一個基督囚犯的眼睛。有一個工作狂，回憶起他在經濟大蕭條時無法養家活口，他記起當時親手埋葬了因為飢餓而死的兒子。結果，在這一世，他下意識地盡一切努力避免再出現這樣的局面。於是，這種內在的動力使得他沒日沒夜的幹活，藉以確保家庭生活無虞。

生死的流轉

佛教所謂的輪迴，實際上是上下浮沉的生死流轉。佛教認為生與死是相生相成，互為因緣，有生則有死，有死方有生，生死死生，輪迴不已。對人而言，生與死之間，尚有老、痛及種種憂悲苦惱。探究人生，實苦多於樂。必須找出輪迴生死的根本原因——無明，加以克服，方能超脫。

而人的無明，是由於不明白真正的自我，而對自身與自心產生錯誤的認識。以至妄執為我，隨著虛妄執著的身心生生死死，而以為自己在生生死死，所以才有所謂的生死輪迴。有生死輪迴，也就有種種的生老病死憂悲苦惱。

因為果，果為因

　　依據佛教的業報理論，一個人的所做、所說或所思，都是「業」；「因」是激起業的情緒或意圖。「果」是由業和因所產生的經驗。果很少是在下一世之前經驗到的，而且可能要在許多世以後才能經驗到。業是累積的。每一個人都把他自己累積的業由這一世帶到另一世。這種累積的業，包含輪迴的慣性，我們必須在受盡自身業果而不再造新業時，才能停止輪迴。業在本質上並沒有好壞之分；可以依其動機和結果，分為兩大類：第一類為「輪迴的」業，來自無明和從無明所產生的衝突情感（惑）。這些輪迴的業會導致「再生」。我們接受什麼樣的再生，完全決定於我們的業是「善」多還是「惡」多。第二類為「無記」（ineffectual）業，其結果是微不足道的。業也可以分為「有功德」和「無功德」，其分別在於它們會導致較高或較低層次的輪迴。另一個主要的類別，是「導致解脫」的業，由解脫輪迴的慾望所激起的善業。雖然，一切善業都將產生幸福，但輪迴中的幸福並不受到重視，因為它是那麼脆弱，只有解脫才有永久的幸福。

　　人間眾生的造作業因，是有善有惡，有輕有重的。人在一生中，造種種的業，或善或惡，或少或多，或輕或重。因此受報的機會，也有先後的差別了。所以，人在一期生命的結果之後，朝向輪迴的目標，有著三種可能的引力。第一是隨重：一生之中，善業比惡業的分量重，便先生善道。善道的天業比人業重，便先生天道；如果惡業比善業重，便先生於惡道。惡道的地獄業比傍生業重，便先生於地獄道。受完重業的果報，依次再受輕業的果報。第二是隨習：人在一生之中，未作大善，也未作大惡，但在生平中有一種特殊的習氣，命終之後，便隨著習氣的偏向，而去投生他的處所。所以，修善學佛，主要是靠日常的努力。第三是隨念：這是由臨命終時的心念決定，臨終之時，如果心念惡劣，比如恐怖、焦慮、貪戀、

瞋惱……等等，那就很難不墮入惡道了。所以佛教主張人在臨死或新死之前，家屬不可以哭，應該代他布施修福。並且使他知道。同時宣說他一生所做的善業功德。使他看破放下。並且大家朗誦佛號，使他一心嚮往佛的功德及佛的淨土；若無重大的惡業，這種臨死的心念傾向，便可使亡者不致下墮，乃至可因亡者的心力，感應了諸佛菩薩的願力，往生佛國的淨土——這是佛教主張臨終助念佛號的主要原因。

佛教的死亡藝術

◎禪宗六祖惠能大師

依六祖大師法寶壇經曹溪原本付囑流通第十（曹溪版），大師在圓寂前一個月即已預知時日。並告知大眾、交代後事及為大眾解惑。大部分的弟子聽到大師要圓寂了，悲痛流淚。大師告訴他們說：「你們今日為誰憂慮、流淚呢？如果你們是為我的不知往何處去而憂慮，事實上，我知道我要往何處去。因為我如果不知我要往何處去，我又怎能事先告知你們。你們悲傷，該是你們不知我要往何處去。如果你們知道我的去處，照理說你們不應該悲傷才是。須知宇宙萬事萬物的本性，本來就沒有生滅，沒有來去」又說：「我圓寂後，不要像俗世般的悲傷、哭泣；受人悼問、身穿孝服，若如此就不是我的弟子，也不是正法。」約過了一個月後，六祖果然坐化，走之前還告訴弟子們說：「我走了！」六祖的全身舍利如今仍供奉在廣東南華寺。

◎三藏法師唐僧玄裝

依《聖僧玄裝大師傳》，玄裝大師在譯完《般若經》後，即知自己化緣已盡，曾事先告知門人，至其臨命終時，右脅而臥，弟子在旁問：「師還見到什麼？」大師說：「勿問妨吾，正念！」到了三更十分，弟子

又問：「和尚得生彌勒內院否？」大師微睜隻眼說：「得生！」由是氣息漸弱，捨報時，侍者亦未察覺，直至欲為師換法服時，方知師已氣絕，然面色紅潤，頂門猶溫，怡悅勝常，宛若安詳入夢，七日後大殮，容顏毫無改變。

◎水果禪師廣欽老和尚

廣欽老和尚是國內的高僧之一，為信眾所仰敬，民國七十五年農曆初一，即圓寂前幾日，──交代後事畢，日以繼夜念佛，並囑弟子一起念佛，至初五午後二時左右，忽告眾曰：「無來亦無去，沒有事」之語，並向徒眾頷首莞爾，安然圓寂，火化後得舍利子無數。

如上所述，高僧等的死亡是如此的莊嚴、自在，且在自己的掌握之中。高僧對生死大事的態度和處理方式，讓我們瞭解死亡是人生中再自然不過的事。勿須恐懼、不安，也不用過度排斥、悲傷。死亡是一個過程，可以經由學習，訓練而能控制。死亡並非沒有未來，而是趨向未來。今日的努力正是光明未來的因。把握今日就是抓住未來。透過對死亡的認識，我們可以重新思索人生的意義、生存的目的、以及生活的目標。生命可以來自於死亡。

救贖，談主耶穌的永生

我們時常看見身披「神愛世人」、「神救世人」布條的男女，有的是中國同胞，有的是外國朋友，舉著警世動俗的牌子，透過麥克風，大聲地叫喊：「信耶穌得永生」……。在酷冷潮濕的天氣裡，並沒有多少人注意他們的存在，但是他們執著的精神，實在是令人感動。為什麼他們如此熱愛他們的信仰？讓我們來看主耶穌的救恩是何等的奇妙！

上帝的話，聖經

　　聖經，是一本世界上發行最多、流通最廣的書。
它不是一本魔術書，而是一本充滿神蹟的書。基督徒
認為上帝不只是親自對這六十六卷書的作者說話，直
至今日祂仍然經由聖經對世人說話。耶穌把聖靈的話
稱做「生命」《約文：63》，彼得則當話語被研讀、被
消化、又被遵從時，它就創造出上帝活生生的再版。
聖經不是史書、不是傳記、也不是文選，它是上帝生
命的透明描述。基督徒認為它是給人生命的書，它有
足夠的資源以供應人們的各種需要，不論是靈命、是
肉體、是今日、是將來，它永遠不會匱乏。

　　有一位老作家說：

　　「聖經唯一的奧秘就是愛。」
　　「把上千個洋海的浪聚合起來，
　　加上百萬鳥兒組成的詩班，
　　人心之深、說話之力，
　　再濃縮十億花朵的香精，
　　擷取天上眾星的閃爍，
　　外加一兆小時的喜樂，
　　合計起來也只是神大愛的一粒原子！
　　愛乃是上帝永遠無法度量的尺度！」

基督徒的救主，基督

　　基督是「聖經」的中心。基督的第一個名字是耶
穌、是希伯來文的約書亞〈民十三16〉，意即耶和華救
主，也是基督徒的救主。祂的第二個名字就是基督，
是希伯來文的彌賽雅，意即受膏者，受神靈所膏。耶
穌和基督都是神所命名。等到人們發現基督是神的時
候，人就稱祂為以馬內利，意即神與我們同在。主
說：「我的手不但掌握全世界，也緊緊握住你！」這

啟示我們，作基督徒救主的耶穌和作神受膏的基督，
是神自己來與我們同在〈馬太一23〉。

基督的作為，神蹟

耶穌在迦拿變水為酒是祂的第一件神蹟。同時立
定了生命的原則—變死亡為生命。耶穌復活，在迦拿
一個娶親的筵席中臨到人間。「耶穌的母親在那裡。
耶穌和他的門徒也被請去赴席。酒用盡了」、「有六口
石缸擺在那裡、每口可以盛兩三桶水。耶穌對傭人說
把缸倒滿了水，他們就倒滿了，直到缸口。耶穌又說
現在可以舀出來、送給管筵席的，他們就送了去。管
筵席的嘗了那水變的酒，並不知道是那裡來的、只有
舀水的傭人知道。」使徒約翰用「筵席中酒用盡了」
的象徵，揭示屬肉體的人在生命用盡、為死亡所充滿
時，耶穌將人的死亡變成永遠的生命。接著藉「基督
潔淨殿」、「祂那是殿的身體要被拆毀」、「並在復活
裡被建立起來」來說明生命的目的—建造神的家、生
命應付人的各種情況的需要〈約翰福音二23～十一57〉
以及生命的重生〈約翰福音二23～三36〉，並宣示主
不信託神蹟，乃信託生命〈約翰福音二23～三1〉。

而事實上，基督徒認為，主耶穌在人身上所作的
實在是一個神蹟。祂將人有限、天然、脆弱、絕望的
肉體從死亡變為無限、屬靈、剛強、有出路的生命。

一般人如何才能得著「變死亡為生命」呢？

- 承認自己的處境，就像主耶穌參加迦拿的娶親
  時，那些參加婚宴的人一樣，住的卑賤、脆
  弱、又充滿死亡。我們的人生、我們的快樂也
  都極其有限、極其短暫。
- 相信主耶穌來正是為了拯救我們。解決我們的
  卑賤、脆弱和死亡。而祂解決的方法，就是成
  為肉身，來到地上，親身被釘死在十字架上。
  擔當了我們的罪，除去了我們的脆弱和死亡的

根源。又在第三天復活，成為邪靈。臨到我
們，作為我們永遠的生命。

- 接受祂進到我們的靈裡，來作我們人生的中
心。就是在我們的靈裡，作我們生命的主。

- 順服祂的話，聽從祂的命令。那日主吩咐僕人
把缸倒滿了水，他們就倒滿了；主又說，現在
可以舀出來送給管筵席的，他們也照著祂的話
做了。他們一順服，神蹟就發生了。（迦拿變
水為酒）

基督徒對主耶穌的話絕對相信且順從。只要對主
耶穌的話相信且順服，主救恩的神蹟就必實現在人們
的身上，而使人們從死裡得生，永遠過著高尚、剛
強、充滿喜樂的生活。

從地上搬到天上

「上帝啊，求你鑑察我，知道我的心思；試煉我，
知道的意念。看在我裡面有什麼惡行沒有，引導我走
永生的道路。」（詩一三九：23～24）

基督徒的生活是一種心靈改革的生活。增長靈
性，活出基督美德。這樣的生活有方向，有使命感，
出世又入世。出世是因為他有復活、超越的生命，同
流不合污；入世是因為福音的託付，好東西分享給好
朋友。基督徒該有的生活就是凡事謝恩、禱告，活讀
「聖經」和吟唱詩歌，藉以澆灌靈性的生命。

基督徒對死亡具有強烈的安全感。因為他們知道
已得永遠不會朽壞的生命。這生命帶給他們復活的盼
望，以及復活的大能。並且知道，在今生已打過那美
好的仗、已跑過當跑的賽程、已守住那美好的信仰。
離世見主，是要等候、接受那公義的冠冕，這是何等
美妙的盼望。

辛博士（Dr. W. B. Hinson）罹患絕症一年後，他
在講台上說：「猶記得一年前，城裡有一個人對我

說：『你即將離世。』我的家離那城市約有五哩路。返家途中，我眺望我所喜愛的山岳，凝視我所喜悅的河流，欣賞那壯觀的樹林，這些樹全是神對我啟示的詩章。到了夜晚，我望見神，親自點燃了天上的星星。於是我說，雖然無緣再多見這些景象，不過，山岳不見後，我活著。河水在停止流入大海後，我活著。星星從天上掉落後，我仍然活著。唯一的差異，只是從地上搬到天上。」

基督徒的人生觀

· 把握現在。「親愛的弟兄啊，有一件事你們不可忘記，就是主看一日如千年，千年如一日。」〈彼得後書三章8節〉

· 有恆心和堅定的意志。「你要謹慎自己和自己的教訓，要在這些事上恆心，因為這樣行，又能就自己，又能就聽你的人。」〈提摩太前書四章16節〉

· 遇到困難環境，勇於接受挑戰。「各樣美善的恩賜和各樣全備的賞賜，都是從上頭來的，從眾光之父那裡降下來的。」「主的恩典夠我用」〈雅個一章17節〉

· 克服恐懼，不逃避。「我倚靠神，必不懼怕。」〈詩篇五十六章11章〉「我懼怕的時候，要倚靠你。」〈3節〉

· 不庸人自擾。「你們要靠主常常喜樂。」〈腓利比四章4節章〉

「所以，不要為明天憂慮，因為明天自有明天的憂慮，一天的難處一天當就夠了。」〈馬太福音六章34節〉

· 謙卑。「神要把自傲的人降為卑微，又高舉謙卑的人。」

不要為明天憂慮，
因為明天自有明天的憂慮，
一天的難處一天當就夠了。

～貧脊心靈的救贖

人生難免一死

宗教信仰是為人而設的。目的在助人解脫生命中的煩惱和痛苦，使人可以「勇敢」地活在世上。並在面臨死亡時，懷著來世的「盼望」。怎麼樣才算是「勇敢」呢？就是堅持自我原則，奉行道德戒律，充滿慈悲智慧，維持人性尊嚴。怎麼樣才是「盼望」呢？就是不論來世是輪迴，還是永生，都可以坦然接受人生難免一死。

寺、廟、宮、堂，台灣人的精神依歸

在台灣，我們可以看見各種身分、各種年紀的信徒，穿梭在不同的寺、廟、宮、堂，為了不同的心願，虔誠地跪拜在他們所信仰的神祇前，祈福、求財、問平安。民間信仰可以說是台灣人的精神歸宿。

台灣民間的信仰對象

台灣民間在信仰上崇拜的對象可分為三種：亡靈崇拜、自然崇拜、以及庶物崇拜。

◎亡靈崇拜

亡靈崇拜是出自於對靈性的崇拜。台灣人的信仰，認為人死後會成為鬼魂，來到陰間。其在陰間的生活和陽間一樣，也需要金錢和飲食。這些金錢和飲食有賴於在陽間的人們在祭祀中奉獻。否則亡靈將會變成惡鬼。亡靈崇拜又可分為偉人、祖先和幽魂三類。

- 偉人崇拜：偉人過世，因其生前有功於世人，其亡靈可升天為神。如關公、孔子、岳飛。
- 祖先崇拜：台灣民間每家設置祖先牌位，早晚

上香敬茶。年節則備牲禮祭拜。

- 幽魂崇拜：幽魂可分為二類，其一為無後代的孤魂野鬼，民間因懼怕其作祟而崇拜。每年七月的普渡大拜拜及每月初一、十五的祭祀好兄弟，即為祭祀孤魂野鬼。其二為不得善終、死於意外的人，如車禍、自殺，死後成為厲鬼。

◎自然崇拜

自然崇拜的對象是自然物，與自然現象。如天、地、日、月、星辰；山、海、川澤及風、雨、雲、雷、水、火等。如在上天有天公、玉皇大帝，在地下有土地公。附著在物上的有神木、石頭公等。

◎庶物崇拜

人工製造的器物，台灣民間認為其上附有神靈，而加以崇拜。如門神、床母、船神、車神。此外，如建築完成的橋樑、道路、碼頭等，亦認為附有神靈而加以崇拜。

寺廟，古時人際溝通的場合

台灣在鄭成功時代就有寺廟。依其宗教系統，大致可以分為儒、道、佛，以及難以區分的雜教共四種。台灣的寺廟名繁雜，有的以神名為建築物名稱、有的以神德或地名來命名。一般人想從寺廟名得知該廟以何種神佛為主神，或隸屬與哪個教派並不容易。目前寺廟祭祀的主神大抵是土地公、王爺、媽祖、觀音、城隍爺、恩主公、地藏王……等等，若要一一列舉其他的寺廟祭神，恐有千位以上；不出佛菩薩、道教的神仙、儒教的聖賢，或是真相未明的鬼神之類。此外，同一種佛，三教可能各以不同的名稱加以祭祀，信徒信仰唯一神佛的情形非常少，幾乎什麼都信。台灣人的信仰真是寬闊。

　　台灣的寺廟在社會結構上扮了非常重要的角色，尤其是以前的農業社會。目前廟的管理人對台灣社會的影響力仍然很大。廟有其轄區。而台灣的各種捐款又以廟的收入最高。廟的活動是社區中最重要的事務，民眾藉此活動來相互溝通，並由此發展出其他不少的社團組織。

媽祖，海島子民的守護神

　　台灣信仰、奉祀媽祖最為虔誠。「湄洲媽」、「溫陵媽」、「銀同媽」、「開臺媽」、「北港媽」、「大甲媽」、「關渡媽」等等，雖然名稱不一，因為是分靈地緣的關係，實際還是同一尊神。從純樸鄉村到繁華城市，處處都有媽祖廟的興建。全台灣主神供奉媽祖的廟宇分布眾多，從北到南共約有三九〇座廟宇。中國及台灣不少人把媽祖塑造為海峽兩岸的「和平女神」。

　　嘉義新港奉天宮有一項習俗，凡是不好養的孩子，都可以送到那裡當媽祖的乾兒子。小朋友脖子上的香包，就是串起他和媽祖之間母子關係的憑據。依照奉天宮的說法，有了這個香包，不管小朋友再怎麼難養，媽祖都會讓他們順利長大。戴了香包，要保證每年都會回來捻香才算數。這樣的說法從清朝流傳下來，認媽祖當乾兒子、乾女兒的人越來越多，目前已經有三千多個，其中不乏文人，或者有成就、有地位的人士。原本就香火鼎盛的新港奉天宮也因為這項習俗，信徒越來越多。畢竟父母都希望兒女能夠順利長大，有了媽祖當作精神寄託，養孩子的辛苦也就不算什麼了。

　　媽祖的祭典也帶動各項民俗曲藝與武藝的發展，眾多的曲館與武館在台灣中部特別盛行，也是因為台灣中部有很多媽姐的大型區域性祭典組織的緣故。台灣人對媽祖的信仰歷久彌新，媽祖的精神永遠活在每一個台灣人的下意識裡。

拜拜，敬神禮佛的表現

拜拜其實是一種善良的美德。拜拜就是膜拜，就是虔誠、恭敬地禮拜。拜拜是對神佛一種恭敬心的表現。譬如：現在一般社會上的人，都喜歡拜恩主公、拜媽祖，拜土地公。

如果是拜恩主公，要知道恩主公就是關公，是忠義的表徵。我們除了拜他的形象之外，還要知道為什麼恩主公值得後世人的崇拜。關公的一生，義薄雲天，不但盡忠而且很講義氣，所以在拜恩主公的同時，我們更應該學習他的忠義精神。

如果是媽祖，要知道媽祖是一個孝女，拜媽祖是要向媽祖學習她的孝行、孝道。這才真正是在拜媽祖。

如果是土地公，要知道土地公就是一般人所稱的福德正神。是各市街莊的守護神。據說，人類在世間積德、或見義勇為、或力行公益，死後就能夠成為福德正神（土地公）。以下的傳說即為其中的一例：

周朝的張明德是某上大夫的家僕。主人為官赴任遠方，家中愛女日夜思父，令張明德頗為同情，乃決定陪小姐赴遠方尋父。途中遭逢大雪，小姐不堪其寒，明德見狀心生不忍，遂脫下自己的衣服給小姐穿。結果自己卻因而凍死。其時，天空浮現出「南天門大仙福德正神」字樣。後來，上大夫感念忠僕的誠意。建廟奉祀神像，敬奉福德正神的匾額。後由周武王賜予后土的稱號，後世便稱其為土地公。這個傳說，盛行於民間。因此，一般人認為土地公就是張明德。所以說，拜土地公的意義就是要學張明德的精神，努力修善積福。

這就是拜拜的精神。然而現在一般人對於神明、佛祖，只知道在事相上來膜拜、來祈求，沒有進一步瞭解為什麼要拜？到底在拜什麼？

事實上，膜拜的意義，第一是恭敬，第二是懺悔。每一個人都會有過失，都可以在佛菩薩和神明面

前表白、懺悔、改過。如果一個人真正有恭敬心，又能改過遷善，一定能消除業障，增長福慧，做任何事情都容易成就。再者，膜拜的目的是在學習。學習佛、菩薩，乃至於一切神明的精神。這就如同儒家所謂的「見賢思齊」。我們要學習佛、菩薩及神明對社會、對大眾的服務與貢獻。這樣子，才是真正的拜佛、拜神明，也才能真正地獲得拜拜的利益。

就一般而言，不以善小而不為、不以惡小而為之，修一切善，斷一切惡，就是修善。能依此而行，無論是拜恩主公、土地公或是拜媽祖，一定能從中得到啟示，一定能消除自己的惡業。所謂近朱者赤近墨者黑，我們經常跟佛、菩薩、神明在一起，跟好人在一起，心中就會常想到諸佛菩薩所做的善事，自然而然就能得到佛、菩薩和神明功德的薰修，自己也能建立完整的人格。人格健全、福德增長了，做什麼事情都會很順利，這就是真正拜拜的意義和目的。

生命有涯，精神無涯

人為什麼存在？這是一個常常讓人不知道怎麼回答的問題。似乎大家都期待自己能夠為自己的存在找到意義，並希望自己隨時都能活出自己的意義。然而人既然是人，又怎能跨出自己的限制來給自己一個準確的定位呢？這樣的嘗試注定給自己帶來「不確定」的痛苦，然而，如果這是痛苦，為何我們又不自由自主的往這個痛苦直奔呢？

人基本上是有限的存在，但卻又意識到「無限」的觀念。這是一個怎樣矛盾的組合呢？一個有無限觀念的有限存在，一個有永恆意識而壽命短暫的人，豈不是注定要在觀念、渴望與自己實際情況的落差中鬱鬱寡歡？人追求永恆，追求無限，而實際生活中卻完全找不到永恆與無限，這豈不是成為一個人莫大的悲哀？所以，有人說，人生的路最難走。但是，也有人

我們要學習佛、菩薩及神明對社會、對大眾的服務與貢獻。這樣子，才是真正的拜佛、拜神明，也才能真正地獲得拜拜的利益。

～貧脊心靈的救贖

說：「柳暗花明又一村」，路，總是會走出來的。有的
人，忙忙碌碌，筋疲力竭；有的人，悠然自得，不與
人比，不與事爭；有的人，拼的你死我活，傷痕累
累；有的人，為了施展抱負，實現理想，而勇往直
前，樂在其中。路，是人走出來的。路，不可避免
的，也是會走到盡頭的。從時間的角度來看，生命有
限；從生命的內涵來看，生命卻可能無限延伸。人在
不同的處境，對人生有著不同的感嘆和解讀。如何朝
向「形骸已離，精神不死」的路上邁進，走那最難走
的路，才不枉來此一生。

大義

　　「路，是人走出來的；跌倒了，再爬起來」。

　　國父孫中山先生領導辛亥革命，屢屢失敗，從不
氣餒。因此，才能推翻滿清王朝二百六十八年的統
治，結果在中國延續了二千年之久的封建帝制，使民
主共和的觀念深入人心，成為二十世紀裡中國最偉大
的人物。國父為中國的民主革命終生奮鬥，並手創三
民主義、五權憲法，手著建國方略、建國大綱，成為
一位淵博卓越的大思想家。孫中山先生離開我們已經
整整七十六年了。他給中華民國族留下許多寶貴的精
神遺產，特別是革命精神與民主思想，值得我們永遠
學習和發揚。

大愛

　　有一次，趙寧先生演講，談到人生。他說人生不
是戰場，戰場太殘酷了。人生也不是工廠，工廠太累
了。人生是農場，要找到自己，耕耘自己。

　　證嚴法師，找到自己，耕耘自己，同時，將大愛
給別人。證嚴法師，1937年出生於台中縣清水鎮，二

118

十六歲出家，服膺師父上印下順導師。為佛教與眾生，1966年於花蓮創辦佛教慈濟功德會。1986年創辦佛教慈濟醫院，繼之又創建慈濟護專及慈濟醫學院。慈濟以慈善、醫療、文化為四大志業，在世界五大洲均成立分會及聯絡處，並展開國際急難救助；又推動成立國內第一座骨髓捐贈資料中心。證嚴法師三十五年來的耕耘與慈濟基金會的善行義舉，讓他得到「諾薇爾基金會Noel Foundation」所頒發的「人道精神終身成就獎」（The Noel Foundation-Life-Award）。證嚴法師所推動的「濟貧教富」及「大愛無國界」的精神，讓人無限的敬佩。

大勇

看過這麼一個故事：白雲守端禪師有一次和師父楊岐方會禪師對坐，楊岐問：「聽說你從前的師父茶陵郁和尚大悟時說了一首偈，你還記得嗎？」

「記得，記得」白雲畢恭畢敬的快語答道：「那首偈是『我有明珠一顆，久被塵勞關鎖，一朝塵盡光生，照破山河萬朵』。」語氣中免不了有幾分自得。

楊岐一聽，大笑數聲，一言不發的走了。

白雲楞在當場，不知道師父為什麼笑，心裡很愁煩。整天都在思索師父的笑，怎麼也找不出他大笑的原因。那天晚上，他輾轉反側，怎麼也睡不著。第二天實在忍不住了，大清早去問師父為什麼笑。

楊岐禪師笑得更開心，對著失眠而眼眶發黑的弟子說：「原來你還比不上一個小丑，小丑不怕人笑，你卻怕人笑。」白雲聽了，豁然開朗。

祈六新，《活著真好》一書的作者，一個在一場車禍，因頭椎三、四、五節斷裂，造成自頸部以下全身癱瘓的人、一個曾經那樣意氣風發，如今卻連自己的大小便都要依靠別人的人，「坐」在輪椅上。也曾經自怨自卑、自暴自棄，覺得輪椅是他的障礙，是隔

開他與世界接觸的一道牆。也覺得他「走」不出去，他怕被別人笑。身為一個普通人，我們都比不上一個小丑，更何況是他！

但是，在憤怒、恐懼、怨嘆中，他慢慢摸索到另一條羊腸小徑；既然他是人生三百六十五行之外的「殘障」這一行，他就要做個稱職的專業「殘障人士」，殘而不廢，重新學習駕馭這個殘障的身軀，走出他自己的路。

如今，他走出醫院，回到社會，成為一位樂觀、進取的心輔官。時常受邀到各學校、醫院、監獄、社團……等機關團體演講。從劫難初時的「為什麼是我？」到如今的「活著真好」，期間的蛻變，以及他面對挫折的勇氣，樂觀進取的精神，積極生活的態度都值得讓我們深思及學習。

祈六新說的好：「雖然無法把握生命的長度，但我總可以掌握生命的寬度與亮度。」這就是：「生命也有涯，精神也無涯」的最佳詮釋。

這首〈截肢〉是周大觀的生命交響曲：

他，短短三千四百八十多天的一生，在承受開刀、化療、照鈷六十、截肢種種磨難的同時，他說，他要在短短有限的生命裡，做很多的事，學很多知識；要把生命發揮到極限。用他的靈慧、用他的詩篇、他的觀世音，他做到了。人生是短暫也是永恆的。

每當大觀的媽媽為他難捨、傷痛時，他會說：「媽媽，不要哭，大觀仍在！」，大觀的愛不只十歲，一個十歲小小孩的愛，讓他勇敢撐起拐杖，獨腳走出去，又以慈悲的願力鼓舞其他的癌童及家屬，沒有掉過一滴淚，直到最後一口氣……。

人生苦短，在宇宙的長河裡，有誰是長壽的？世人往往夢求「壽比南山」，然而長壽有什麼意義呢？長壽只是為了比一般人多吃喝拉撒幾年？生命的意義不在於它的長短，而在於能把握有限的時間去利益他人，助人離苦得樂，從付出中彰顯生命的價值」。

癌症惡魔是人類的敵人，
霸占了我的右腳，
化學治療攻不進，
放射治療打不下，
醫師要一刀兩斷。
敵人就要轉移陣地，
幾何級數的分裂，
天文數字的陣痛，
爸媽也只好一刀兩斷。
爸媽把我交給醫師，
醫師把我交給科技，
我把生死交給上帝。

～〈截肢〉周大觀

大智

　　一九一四年十二月的一場大火，幾乎摧毀了湯瑪斯愛迪生的實驗室。雖然損失逾兩百萬美元，但因建築物是混凝土所建，原本以為可以防火的，所以只保了二十三萬八千美元的火險，而愛迪生一生大半的研究都在這次火災中付之一炬。

　　火勢正大時，愛迪生二十四歲的兒子查爾斯，在濃煙和瓦礫中瘋狂地尋找父親。找到時，愛迪生正平靜地看著火景。火光反射在他臉上，白髮在風中翻飛。

　　他的兒子查爾斯說：「我真的很心疼，他已經六十七歲了，不再是一個年輕的小夥子，而一切卻隨火而逝。他看到我時，扯開喉嚨叫著：『查爾斯，你媽在哪裡？』我告訴他，我不知道。他又說：『把她找來，她有生之年再也看不到這種景象了！』隔天早晨，愛迪生看著灰燼裡的廢墟說：『災難中自有大價值，我們所有的錯誤都燒之殆盡。感謝上帝，我們又可以重新開始了。』」大火後三個月，愛迪生發表了他的第一部留聲機。

　　我們常說，當上帝關上了一扇門，必定也會為我們開啟另一扇窗。問題是，我們必須有智慧去把那扇窗找出來。人的一生中，碰到災難，遇到危機，在所難免。我們可以從別人的身上汲取經驗，克服困難；也可以像愛迪生一樣，用另一種態度面對困難，化危機為轉機，變災難為祝福。生命有限，痛苦不可能永遠。讓我們以大思、大愛、大勇、大悲、大智的精神挑戰生命的無限。

1. 你相信「輪迴」嗎？你對「前世今生」有什麼看法？

2. 你讀過聖經嗎？你禱告過嗎？在什麼情形下？

3. 你曾到廟裡去拜拜嗎？你曾參加過進香團嗎？為什麼？

4. 信仰和迷信的差別在哪裡？

5. 碰到挫折或危難時，你是如何讓你的心出來透透氣的？

人人心中
的那把尺

良心並不是人的一種特殊官能，
它是日常生活中的直覺判斷，
它會在人的內心深處做召喚，
並對人的行為產生直接的作用。

行停坐臥的標準

　　古人說「仰不愧於天，俯不怍於地」，做一個人，最重要的條件就是要有良心。許多人都喜歡用「良心」這個字眼，當他們要向人證明自己行為正直時，便說：「我問心無愧。」或說：「我是憑良心做事的。」他們把一些惡客形容為「沒有良心」、「黑心肝」、「既厚又墨」、「末路狂花」的人。他們覺得人只要「平常不做虧心事」，便可「半夜不怕鬼敲門」了，儒家主張君子「慎獨」、「舉頭三尺有神明」，就是這個意思。更認為修養的重點是誠實：對己、對人、對神、對良心都要誠實，雖然明知沒有人會發現，仍堅持「光明磊落」，即使在獨處感無人監視時，仍循規蹈矩，不做自欺欺人的惡劣勾當。

良心，存在嗎？

　　戰國時代的孟子主張「性善說」，認為人天生皆有良心，即使是一名罪大惡極的殺人犯，仍有其愛家、愛父母的一面，見到老弱殘疾也會引起惻隱之心的一面。他說：「惻隱之心，人皆有之；羞惡之心，人皆有之；謙讓之心，人皆有之；是非之心，人皆有之。」這幾種「心的作用」，是人類本性的天然流露，是我們本來DNA設定的，而不是由外加賦予的。所以儒家「良心」的「良」字含有自然而然地向善，不學而知惡的意思。而良心使人能自愛愛人，能知恥近乎勇，能尊重人，能明辨善惡。若一個人違背良心，做出「天怒人怨」、「近者怨，遠則不悅」的事，孟子認為是因為人不懂得善保自身良心，而使良心蕩然無存。

　　荀子主張「性惡說」，但我們不能將它解釋為「人性本惡」，而是指：人追求慾望之滿足的本性若不知節

不為歡樂、
悲哀或沮喪，
而為理解

～史賓諾莎

124

制，便會傷害到他人的權益，在這種禁不起物慾、利益誘惑的情況下，人性也會不自覺流於惡的可能。

有一部電影《大紅燈籠高高掛》中，描述著一個男人和四個太太、一個丫環的故事，演出了一幕幕爭寵奪愛、紅顏相殘的悲劇，他們可以昧著良心，可以暗中彼此算計，輸的女子不是在雪堆中病倒，就是被吊死在死人屋，要不就是成為瘋女人，如果她們可以彼此包容，做事前先摸著良心而行，其實，便不會造成悲劇了。

西文的良心一詞出自於拉丁文——Cons cientia，是由介系詞是由介系詞Cum（同）及名詞Scientia（知識）組合而成，意思是「具有知識」；指人在行動時，知道自己到底在做什麼。良心並不是人的一種特殊官能，它是在實際生活中直接做直覺判斷的，良心的判斷是經過一番推理過程的，過程包括一個大前提，一個小前提和結論。良心判斷的大前題是一個普遍的倫理原則，小前提是此時此地所要做的行為，結論就是良心的判斷。例如，說謊是不道德的，若現在我們所說的不是實話，則是不道德的。但是，生活中有些「善意的謊言」在某些特殊情況下是需要的。只是我們的良心在做判斷時，並沒有察覺到在運用三段論法，而且會省掉論證的步驟，因為我們在日常生活中，有許多倫理原則都十分普遍和顯而易見的，而且對於常見事情的判斷，也早已習以為常，所以良心在做一個判斷時，不一定在心理按部就班地推理，有時會當機立斷，也就是靠直覺來判斷。

良心，內心深處的召喚

良心是有聲音並且會另我們所做的每一件善事、壞事成正比的迴音，常常在刺耳之際，驚醒於耳膜震痛的懲罰，我們亦不難想像，那違背人心的良心，肯定會在臉上露出被迴音震痛耳膜的表情，其容貌既可

怕又不誠懇。

我們做的許多事，良心都會在人的內心深處直接召喚，對人的行為會發生直接的作用。但是良心的聲音耳朵聽不見，只能用心靈去聆聽。德國哲學家史普朗對良心的聲音有如下的描述：

◎良心是自我反省

指良心的聲音在心靈深處，當它發出回響時，也是針對我而發的。這種現象是以「我」為主，並不涉及他人。

◎在特定的情境下存在

良心的迴音，只在特定的情境中，較能體驗出來，如果人在極度恐慌及心緒不寧時，可能無法感覺到良心聲音的存在。所謂「定而後能靜，靜而後能慮，慮而後能得」。若能寧靜致遠，或在靜如處子，萬籟俱寂的情境中，使能感覺出良心的迴音。

◎站在正的一方

在良心的迴音出現時，要求人在正反面的衝突時，應該站在正面的一方，強調善行、正義的重要性，要求一個人不能心懷惡念，和做壞事。

良心，行所當行

良心在我們的內在，但卻不屬於我們管轄；我們控制不了它，也無法要求它迎合我們的心意。相反的，它還命令和強迫我們去服從它的吩咐。它常存在於我們的「實際行動」中，並告訴我們那些應當做，那些不該做；它逼我們服從它的判斷，否則，它會毫不留情地責備我們，使我們感到羞恥，甚至產生罪惡感。若我們按照良心的判斷去行事，我們也會受到它的褒獎，且會有一種平安、心情舒暢、自象和無憂無

懼的感覺；我們知道做了應該做的事，知道自己是個
「有良心的人」，而且在人格的領域中，又跨進了一
步。雖然有時為了服從良心的導引，我們百般遭受損
失，或引起不必要的麻煩，但在我們的心靈深處，我
們仍然，義無反顧，奮勇向前。

　　良心的功能有三種：

◎行為的提醒

　　良心具有預防的功能。因為良心會指導我們判斷
此種行為是善是惡？是該做或不該做？善惡的程度如
何？要如何做或堅持不做？此時良心會根據各種道德
規範，並參考客觀環境與我們的需求，來判定此種行
為的道德價值及自己應負的道德責任，然後命令我們
不能違背道德標準，這可以使我們趨善避惡，不致誤
入歧途，鑄成大錯，為時已晚。

　　當你無意間撿到了一個皮箱，裡面放有一百萬
時，你的內心若是會掙扎時，這便是人性本善的功
能，但在掙扎的過程中，人有時也會禁不起壞事的誘
惑而違背良心。這就是指內心仍有個行為的提醒系
統，在特殊時刻亮起紅燈警訊。

◎行為中的督促

　　良心具有督促的功能。因為良心會不斷發出警
告，勸阻我們做違背良心的事情，繼續鼓勵行善，而
不會半途而廢；在行惡時，亦能及時懸崖勒馬，才不
會步上「一失足而成千古恨」。

◎行為後的褒貶

　　良心具有反省的功能。因為良心會對我們的行為
做出嘉獎或譴責，若我們能作良知做事，它便嘉獎善
行，讓我們感到行善之後的安慰與快樂；若我們昧著
良心做事，它便會斥責惡行，而使我們感到後悔惶恐
與羞愧不安，如此可使我們能懲前避後，治病求人，

鑑後知來，而不致於重蹈覆轍。

　　良心是人生的暮鼓晨鐘，事無鉅細，它都要提醒人們不做壞事；越病入膏肓，它的迴音也越響亮。它絕不顧情面，即使我們不願意，我們也無法壓抑良心的呼喚。良心是不能被消滅的，人在午夜夢迴時，它仍會發出振聾發瞶的呼喊。而且，即使是心狠手辣的人，他仍會隱隱地聽到良心的斥責或呼喚，尤其在他大限之日，他的良心必更會挺身而出，給他的生命來一個鉅細靡遺的最後總清算！

生命隨堂測驗

1. 用簡單的一句話來概括「良心的定義」。

2. 你有「違背良心」的經驗嗎？感覺如何？最後給了你什麼啟示？說說看。

3. 良心會在特殊的情況下給我們一個提醒的動作，當你的心靈收到這個提醒動作的訊息時，你會改變原先要做的事情嗎？舉例說明之。

個體、群體
的良性互動

人需要在「你我」的關係中成長，
因為人在被愛的經驗中，
才能認識自己、肯定自己，
並學習回饋、完成自我。

維持良好的人際關係

　　人的身體就像一個微小的宇宙，科學家發現人體是由三十多種元素所組成；這些元素是從一百五十億年前宇宙霹靂大爆炸（Big Bang）時所產生的。若將人體內的幾個重要元素抽離出來，人體內含有可造六根鐵釘的鐵，可做成二千支火柴頭的磷，可製成九百根鉛筆的碳，並且擁有足以載人飛上高山的氫氣，這些元素在人體中形成化學的關係，進而在人生路上，形成群我的人際關係。

　　人都會有學習新事物的好奇心，在自我學習衝動與內在控制的情形之下，自我發展能力就會出發。人際關係亦是如此。

人是萬物群體的一員

　　在論語中有一段記載，值得我們思考：長沮與桀溺為兩位退隱人士，在一起耕田，孔子路過那裡，派子路去問渡口的位置。長沮反問子路：「那位手拉韁繩的人是誰？」子路說：「是孔丘。」長沮說：「是魯國的孔丘嗎？」子路回答說：「是的。」長沮便說：「他是知道渡口在那裡的啊！」子路只好去問桀溺。桀溺問他說：「現在天下各地的災難，都像大水氾濫一般，你想跟誰去改變呢？與其跟一個逃避壞人的人，還不如跟隨逃避社會的人好。」桀溺邊說邊跟著子路回來報告孔子這一切。孔子神情悵然說：「我們沒有辦法與飛禽走獸一起生活，若不和人群相處，又要與誰相處呢？天下政治若是上軌道，我就不會帶

「從那個五歲的孩子到我自己僅僅是一歲，但是從那個新生嬰兒到那個五歲的孩子，卻是一條可怕的長途。」

～托爾斯泰

你們去從事改革了。」

　　既然我們是個人，想找人溝通，會關懷他人，這是很自然的事。

　　有一首校園民歌，是張曉風女士寫的詞，歌名叫「一樣的」，細胞構成器官，各種器官要組合成一個完整的人。可是回到原點，原來我們都是宇宙基本元素變來的，其他的生物也是一樣，萬物歸宗總同源。

　　人也是大自然中環環相扣中的一環，在生物學家眼中，地球上的消費者包括人和其他動物，都以植物或捕食其他動物來維持生命，所以任何動態物都是「共生系統」中的一環。例如田野中的蝗蟲，蚱蜢和鳥類都以麥子、稻米或其他野草為食物。而稻田中的青蛙會捕食蝗蟲，蛇又吃青蛙，人類除了以稻米、小麥為主食外，也吃蛇、青蛙和鳥類。因此人和這些動、植物之間，會產生一種生態關係，在生物學中稱為「食物鏈」（food chain），誰破壞了此種生態平衡，即會慘遭大自然的反撲，例如大陸在三面紅旗大躍進時期，大量的捕殺蝗蟲，而破壞了微妙的生態平衡，最後產生大饑荒，而以失敗收場。

　　人與動、植物最大的不同，在於人活在歷史中，古代的讀書人會說：「風簷展書讀，古道照顏色。」或說：「尚友古人。」在在都表示人活在歷史的時空關係中。我們不只是孤單地活在目前這個時空中，因為當我們人生失意時，可以學習陶淵明在「讀水海經」這道詩中所表現的生活態度。

　　「孟夏草木長，繞屋樹扶疏。眾鳥欣有託，吾亦愛吾廬。……泛覽周傳，流觀水海圖。俯仰終宇宙，不樂復如何？」

　　當我們在意志消絕時，也可以聽聽貝多芬失聰後所寫的「歡樂頌」。在精神的國度中，我們能夠與古今、中外的人事物相通，而建立一種會心的關係。

　　所以當人與人之間有了感情，相處時有一種令我歡喜、令我愛的牽掛，這是人我關係建立的起點。

心中有愛，愛人如己

　　耶穌提出「近人」的思想，也就是愛，是希望人們愛人如己。如果你的心中有愛，你便以打破人與人之間的障礙，如果你能用你的善心去對待他人，他便成為你的近人。所以「近人」的觀念，它含有「博愛」的意義，它打破了人與人之間由於職業、家庭、階級、種族、國家……形成的各種分隔，因此，即使是仇人，有時也可能以近人的身分出現。

　　當我們有了「近人」的觀念，就會把別人當作「人」來愛。西方的當代思想家馬丁‧布伯（Martin Buber）提出了一個和「近人」相關的重要觀念，那就是「我與你」的關係，意思是說：我們會把他人當作「你」來看待，即「我泥中有你，你泥中有我」的意思，它是因為心中把他當作是「近人」，把這個人當作可以有共同命運的人，也是隨時準備好去幫助的人。如果缺乏這種民胞物與的胸懷，我們將很難把「你」當作人來看待，我們會把你當作物，你便只是一個工具，一個墊腳石，一個隨時可以拋棄或破壞的東西。

　　其實人是需要在「你我」的關係中成長，因為人在被愛的經驗中，才能認識自己，肯定自己的尊嚴與價值；在被愛中學習回饋，才能逐漸發展自我，完成自我。在「你我」的關係中，彼此誠信相待，其中沒有任何條件，坦誠相待，關係透明化，這是一種知心、互相珍惜的經驗。

　　佛教也有相類似的觀念，在華嚴經中有一句話：「無緣大慈，同體大悲。」意思是說，對於自己人要愛護他，對於陌生人，也一樣要愛護他，給他同等的機會，給他信心、希望和歡喜，因為我們都是生命的共同體。佛陀在阿含經中也講了一段共命鳥的故事，很有啟發：

　　「古時候有一隻共命鳥，牠有兩個頭，但是共同一個身體。有一天，她飛到喜馬拉雅山的一座森林，右邊的頭發現了一個美麗香甜的果子，便津津有味地獨

人是需要在「你我」的關係中成長，
因為人在被愛的經驗中，
才能認識自己，
肯定自己的尊嚴與價值；
在被愛中學習回饋，
才能逐漸發展自我，
完成自我。

～維持良好的人際關係

食，不肯與左邊的頭分享。這時在左邊的頭很氣憤也很嫉妒。牠四處張望，卻發現自己這邊也有一顆果子。仔細一看，是一顆有毒的果子。左邊的頭氣不過對方，便狠下心來把那顆毒果子吃下肚子。結果這隻共命鳥由於內鬥，而瀕臨了生命的危險。」

我們的確生活在共命鳥的共存共榮世界中，若沒有互助合作，就無法存活，沒有互利互惠就會在內鬥中消亡，沒有互尊互敬就會充滿仇恨，沒有互愛互惜就會疏離異化。誠如魯迅所說的一句話「歷盡波劫兄弟在，相視一笑泯恩仇」，競爭並不代表惡鬥，競爭與合作雙管齊下，才能真正找到雙贏的均衡點。

小我、大我的交互影響

圓滿的「你我」關係無非是你我交融的「我們」，「我們」指出人是社會性的個體，人不只是一個「小我」，還是一個「大我」，因為我們與身處的家庭、社會、國家、世界交互影響，誠如美國西大運校的校訓「責任、榮譽、國家」，充分了體現個體與群體的良性互動關係。

◎家庭關係

不論是小家庭或大家庭，我與父母、兄弟姊妹構成了基本的「大我」，這個「我們」是社會的基本單位。家庭中的小我，一直受親人關係的影響，尤其是親子關係。心理學家哈羅（Harlow, 1958）以恒河猴作為實驗的對象，他讓小猴子與母猴分離，以假猴媽媽扶育，小猴子與猴媽媽分離之後發育不佳，很瘦小，心情不定，恐懼感強。當小猴子長大之後，與同伴之間的互動發生困難，拿牠們與真猴好好撫育的猴子相比，有下列區分：假猴媽媽撫養成的猴子個性冷漠疏離，缺乏安全感，不會與其他猴子共同相處，很難建立哥兒們的關係。其中的母猴多數不生育，少數

無育的母猴也不會善盡母職，會拒絕小猴子接近。

◎社會化

若家庭不滿足人的更大需求，社會就成為我們投射、認同的第二個大我。而社會也能塑造小我，在一個社會生活久了，個人的人格中就具有這個社會大多數人所擁有的共同性格，社會學家稱之為「社會性格」。農民具有它的社會性格，都市叢林的居民也有他的社會性格。性格的養成就是社會化的過程，所謂社會化是指將個人模塑成為社會一分子的過程，也就是社會對個人保護其文化、生活模式與團體價值的過程。因此北部人的想法和南部人會有所不同，原住民的習慣與閩南人、外省人有所差異，這都是社會對個人的影響所造成的。

◎國家認同

由於種族、文化、生活習慣的不同，一些民族因為血脈相連，或利害與共，會組成一個有武力的國家，它就自然成為我們的第三個「大我」。

◎地球村

今日的世界，因為交通的迅捷，大眾傳播的無遠弗屆，網際網路通訊的發達，國家與國家之間已達成一個緊密相互依存的地球村（Global Village）。我們不能再以國家、民族為重心，而要建立一個與世界接軌的嶄新國際觀。個人面對世界、面對現代化、面對未來，要有「四海一家」、「四海之外存知己」、「以天下為己任」的胸懷。因為地球產生溫室效應（Greenhouse Effect），沒有任何地方不受影響；臭氧層破洞，紫外線直接照射在地面上，各國人民都可能得到皮膚癌；熱帶雨林（Rain Forest）的急速消失，攸關地球生態體系的存亡，因為它是二氧化碳的處理廠，沒有了森林，人類就不能存活。阿富汗發生戰爭，許多國家都會捲進戰禍的漩渦中，所以「世界大

同」的時代將是未來的趨勢，雖然它只是一個遙不可及的烏托邦，但若能「求同存異」，則「天下本是一家」將不再是遙不可及的夢想。

生態學家梅耶在一九八二年曾指出：「地球上現在約有一千萬種生物，但到公元兩千年，將有二百萬種自地球上消失。此種驚人的滅種現象，終將影響人類賴以生存的生態體系，而帶給人類無窮的禍害。若人類不能惜福愛物，不能減少慾望，物種的消失將會隨著物質文明的發展而加劇。」在中國的傳統哲學中，尋求「大自然」與「人類」之間的和諧相處與共存共榮的親密關係，以達到「天人合一」的境界，才能使人類在知福惜福中，擁抱這個永恆的美麗星球。

生命隨堂測驗

1. 你在乎別人對你的印象嗎？為什麼？這和個人起點有什麼關係？

2. 想要得到他人的接納是正常人都有的經驗，你如何贏得別人對你的接納呢？

3. 世間有太多的不公平，你會如何表現你的憤怒？還是，隱藏你的怨恨？

4. 你有養過寵物嗎？為何寵物通常很難接受外來的人們？這和什麼有關？

打破思想
框框的限制

科學化的思考方式，
並非每個人天生就具有，
它是一種態度及習慣，
而這種態度及習慣，
可以透過不斷訓練來獲得。

衝撞、毀壞與
重新建構

英國著名的創意思維大師愛德華‧狄博諾
（Edward De bono），其著作主要集中在討論思考——
特別是創意思考（Constructive Thinking）的問題，他
在這方面作了很大的貢獻，其中最為人稱道的，便是
他提倡的所謂「側面思考法」（Lateral Thinking）。

「側面思考法」有別於「垂直式思考」（Vertical
Thinking）而後者較注重步驟、邏輯、次序的概念。
狄博諾作了一個形象的比喻，用垂直式思考的人，就
像在某個地點上挖掘洞穴，他只會在原地上越掘越
深，卻不會嘗試在附近稍微挖掘一下。

如果把埋在地下的寶藏比做答案，那麼，這個運
用垂直式思考的人，可能永遠也得不到答案，因為他
只得在原地拼命挖掘，而寶藏卻可能埋在距離他二、
三尺處。

垂直式思考方法，對從事某些行業（例如律師）
的人士，固然有較大的實用價值，因為他們較注重邏
輯推理，以及事情發生的「高度可能性」（High-prob-
ability）。但對那些尋求解決問題的方法，追求新觀念
的人而言，側面思考方法無疑是有更大的幫助。

垂直式思考方法，顧名思義，在看待問題或解決
問題時，往往從一到二，從二到三，順序而下。當遇
上障礙時，可能就此卡位，難以再進一步。

但側面思考法就不同了，它看問題或解決問題的
態度或方法，並非依循某一特定方向順序而下，而是
不時跳出常軌或框框，從另一個角度，正確的思考方
式，足以掌握人生，運用智慧思考問題，其差別在於
客觀或主觀，然而，靈活運用思考邏輯，我們的生活

「啊，
我親愛的，
對於任何孤獨者，
沒有上帝，
也沒有主人，
生活的重擔將是可怕的。
因而人必須選擇一個主人，
選擇一個超越於形式之外的上帝。」

～卡繆

便不會只局限在一個框框裡而跳不出來。全方位地去理解、解決問題。很多時候甚至把它視為理所當然的思路摒除，完全從另一嶄新的觀點出發。

除了解決原有的問題，側面思考可能會帶來意想不到的「副產品」，那便是引發某種嶄新觀念的出現。

可以說，這是「無心插柳，柳成蔭」的結果。

所以在日新月異，變化多端的時代裡，垂直式思考法還不敷應用，需要來自側面思考法的助力。

當然，這不表示垂直式思考已喪失其存在價值，它還是有用的，不過對一個現代人來說，若能把垂直式思考法與側面思考法配合起來運用，一定會產生不可思議的效果。

狄博諾雖然大力宣揚側面思考法的好處，但他並沒有否定垂直式思考法的功能，他認為兩者是可以「互補的」（Complementary）。

當普通的垂直式思考法不能為某個問題提供解答，又或者實際上需要一種新觀念時，側面思考法便可派上用場。新觀念是可從側面思考法衍生的，因為垂直式思考法在這方面有先天的限制。不過它在這方面的不足，卻正好是它的優點，問題是從什麼角度去看。

何為側面思考法？

狄博諾那部名著《新思維》（New Thinking）一書，在英國出版時書名改為《側面思考法的運用法則》（The Practice of Lateral Thinking）中，狄博諾舉了一個非常有趣的例子來說明側面思考法是怎麼一回事。

從前英國有個商人向放高利貸者借了一筆錢，到期時卻無力償還。這個又老又醜的放高利貸者看中了商人年輕貌美的女兒，於是向商人提議，如果他願意把女兒嫁給他，債款便一筆勾消。

商人及其女兒聽到這項建議後震驚不已。為了表

示自己的風度，放高利貸者對他們說：「不如讓上天作主吧！」

他對父女倆表示，他將會把一粒黑色的石子和一粒白色的石子放入一個空錢袋中，然後讓商人的女兒抽出一粒，如果抽中黑色的那粒，她會答應嫁給放高利貸者，而她父親的債款也將取消；假如她抽到的是白色的那粒，就可繼續留在父親身邊，而其父親亦無須還債。

如果她不肯去抽石子，她的父親就要坐牢，她的生活亦會無著落。

在形勢比人強的情況下，商人及其女兒只好同意這項提議。

當時三人站在一條滿布石子的小徑上，放高利貸者知道父女接受他的提議後，便俯身拾起兩塊小石子。

正當放高利貸者在拾石子時，眼光銳利的女兒看見他把兩塊黑色石子放進錢袋裡，隨即叫她從袋中抽出一粒來。

女兒心理明白，現在錢袋裡兩粒石子都是黑色的，換言之，無論怎樣，她抽到的必定是黑色石子，結果只好成為放高利貸者的妻子。

設想一下你與父女兩人一同站在小徑上，目睹以上的情形，你可以有什麼意見給他們？就算不一定是必勝的方法，最低限度亦可幫助女兒爭取一個公平抽石子的機會。

面對上述情況，垂直式思考者透過邏輯的分析後，將會得出以下三種可能性：

- 女兒拒絕抽出石子。
- 女兒應指出錢袋裡兩粒都是黑色石子，放高利貸者在作弊。
- 女兒只好抽出黑色石子，犧牲自己下嫁給放高利貸者，免去父親坐牢之苦。

乍看起來，垂直式思考推斷出的三種情況，似乎已窮盡了一切的可能，不能再多一點。

但這個故事卻很能反應出垂直式思考與側面思考法的顯著區別。前者注重的是女兒必須從袋中抽出一粒石子，側面思考法則關心剩餘下來的那一粒石子。

在這個故事中，商人及其女兒最後脫離虎爪，以大團圓結局，而於高利貸者卻徒呼奈何，全無辦法。

究竟這位聰明的女兒是怎麼去替自己的父親擺脫厄運的呢？

大家都知道，她不得不抽石子的，但袋裡兩粒都是黑石子，她根本沒有勝算，怎麼才可以扭轉如此惡劣的局勢呢？

她把手伸進錢袋裡，抽出一粒石子來。她一眼也沒看這粒石子，然後假裝因緊張過度而笨手笨腳，把抽出來的石子掉在小徑上。大家也許記得，這條小徑是用石子舖成的，石子掉下去後，再也分辨不出是哪一粒了。

女兒不慌不忙的對放高利貸者說：「我手腳真是不靈光，把石子掉了，但不要緊，你只要看看袋裡剩餘的石子，便知道我剛才抽的石子是哪一粒了！」

不用多說，錢袋裡那粒石子當然是黑色的了，放高利貸者總不能公然表示自己把兩粒黑石放進袋裡，於是只好認輸，讓商人及女兒離去。

女兒只是活用了側面思考法，便把一個對她異常不利的處境轉變成有利的處境。這正是創意思考——一側面思考的奧妙之處。在一個日趨複雜的社會裡，不能只憑邏輯推理去解決問題，讀者試著嘗試靈活運用側面思考法吧！

科學性的思考方法

對一般人而言，要作到「全知」的境界當然是比較困難的，為了少走彎路，對每一種知識都有較為適當的安排，就必須學會運用科學的方法，來武裝頭腦，這種方法猶如一面「照妖鏡」，有批判的效果，可

以使「胡說八道」、「七拼八湊」、「不經過大腦」的說法，現出原形，例如，台灣最近「偽科學」橫行，一些邪門歪術盛行一時，諸如大家樂、六合彩的明牌，以奇門盾甲應付考試，以紫微斗數預測股市，以星象八卦、血型類別判斷性格，命相、命理學橫行，一般無科學知識的升斗小民，還趨之若鶩，信以為真埋，雖然有時瞎貓碰到死老鼠，偶爾碰對了，那只是運氣，經不起嚴密科學的檢驗。更可笑的是，還有一些怪論，預測九星連線或西元一九九九年為世界末日，此種荒誕的行為，難道是受過科學訓練的人士，懂演繹法的人，所應把持的態度？所以我們研究問題應去蕪存菁、去偽存真，由此及彼，由表及裡，要做到這四點，就非靠獨立思考不可，不獨立思考就只能得其表、取其粗，使偽善雜存，無法明辨是非。

現在我們細數一下簡易的創意式科學方法的內容：

歸納、演繹法

亞里斯多德（Aristotle）認為必須進行仔細的觀察，從觀察上升到一般原則，然後再回到觀察中「檢驗」，前一階段用歸納，後一階段用演繹。

歸納有兩種，一種是單純窮舉法（Simple Enumeration）。例如，人們經過一些日子的觀察，得出「太陽皆從東方升起」的結論。另一種是直覺歸納法（Intuitive Induction），這是指一個人具有某種透視洞察力，能夠從感覺資料中，看到本質。例如，一位專家注意到月球發亮的一面總是朝向太陽的，由此推論月球的發亮，是由於太陽光的反射所致。

所謂的演繹法。例如：

〔大前提〕：凡生物必死；
〔小前提〕：凡人都是生物；
【結論】：所以凡人必死。

我們研究問題應去蕪存菁、
去偽存真，
由此及彼，
由表及裡，
要做到這四點，
就非靠獨立思考不可，

～衝撞、毀壞與重新建構

此種方法亦稱為三段論法，而推理的過程必須完全精確，不能帶有一絲絲模稜兩可的性質。

抽象法

就是只考慮不同事物之間共通的性質，例如在十進位中，1＋1＝2，即只考慮不同的牛、羊、狗、貓……中間，共通的「數量」性質，在經此抽象之後，可再套回牛、羊、狗、貓……皆成立。再舉「地圖」的例子為證，我們知道，「地圖」即實際地理位置的「抽象」，在地圖以「比例尺」放大之後，即顯示出我們所要找尋的幾何位置所在，而不必考慮此無關的性質，諸如：建築物、馬路的顏色、天氣的狀況……等等，而以「地圖」之簡，御諸「位置」之繁，即將位置「轉化」成簡易的「地圖」，而收「以簡御繁」之功。

懷疑法

此法由法國哲學家笛卡兒（Descartes 1596～1650）所提出，共有四個原則：

· 清晰原則：任何事情，如果我們必存懷疑，並非清晰而明確認為它是真的，就絕不要承認它是真的。

· 分解原則：把難題盡可能多分解成各個部分。

· 順序原則：從考察最簡單，最容易理解的對象開始，逐步上升。

· 全面原則：列舉要完全，必須肯定沒有遺漏。

轉化法

　　轉化法的基本思想為敢於改變基本的結構，而適應我們的需求。例如，我們如何才能求出平行四邊形的面積？還是小學的算術問題，當然都會做，無庸置疑的是在邊×高。但若進一步問：為什麼是在邊×高？邊×高不就是求長方形的方法嗎？其實，只要將平行四邊形轉化成長方形就解決啦！

　　創意的精髓即將不同系說的知識，互相配合，成為一個大系統，但在追求創意的過程中，就如同在「爬小山」、「摸著石頭過河」一般，到達創意的「最高峰」為何，在到達最高峰之前，此種感覺在創意理念中是很重要的。要使創意「出神入化」，是很難達到的境界，但創意有時又像追求風車的夢幻騎士，所以只要在各階段中，稍微有些突破，那就會有絲絲的喜悅與歡愉。

屬於演繹法的小故事

　　這是一則寓意深遠的故事。

　　從前有一個懶人，他有一大甕的米。有一天，他躺在米甕邊的一張席子上，開始想入非非：

　　「我將賣掉這些米，買來很多的雞。這些雞長大後會下很多蛋。然後我把雞和蛋賣了，再買來許多豬。當這些豬長大的時，便會生許多小豬。那時我再把牠們賣了；買回一些水牛。有了水牛，就會有許多小水牛。如果我把牠們賣了，我就有錢買一塊地。有了地，便可以種稻米、甘蔗和穀物。有的收成，我還可以買更多的地。再經營幾年，我就能夠蓋上一幢漂亮的房子。」

　　「當我蓋好房子，我將娶一位世上最美的女人做妻子。」

　　「那時，我是多麼地富有，多麼地幸福啊！」

懶人興奮了，於是手舞足蹈一番，一腳踢翻了米甕。甕子破了，米立刻像水一般傾瀉出來，撒落在骯髒的地面上。此時，鄰居的一大群雞蜂擁而來，把地上的米啄食精光。小雞、豬、土地、房子和美麗的女人，一切的一切會都成了泡影。留給這個懶人的，只是一個破了的甕。

這個故事告訴人們：光想是不夠的，更重要的是著手去做。千里之行，始於足下。不過，儘管懶人的結局是可悲的，但他的演繹法卻頗值得稱道。演繹法是一種證明的方法，它不是基於經驗或嘗試，也不依賴於人們的感官，而是建立在嚴格推理之上的。數學大廈的基礎，正是用這種演繹的方法砌成的。

下面我們研究一下懶人是怎樣進行一連串推理的。首先他從一甕米開始，提出命題：「如果有米，那麼可以賣掉米，買來儘可能多的小雞」。簡記為「若有米，則有雞」。這實際上是關於「有米」者的一個命題，不論這有米者是誰。所以是個大前提。懶人的第二個命題是：「我有一甕米」，這是小前提。如果上述兩個前提為真，那麼推出的結論一定不假。用P代表「有米」，Q代表「有雞」，於是有：

〔大前提〕：P→Q，若有米，則有雞。

〔小前提〕：P，我有一甕米。

【結論】：Q，那麼我有儘可能多的雞。

懶人接下去的推理是：

〔大前提〕：若有雞，則有蛋。

〔小前提〕：我有雞。

【結論】：我有蛋。（我的雞會生蛋）。

〔大前提〕：若有雞和蛋，則有豬。

〔小前提〕：我有雞和蛋。

【結論】：我有儘可能多的豬。

以上這些都是演繹法的簡單例子。這種由大前

提、小前提和結論三部分組成的演繹推理方法，稱為「三段論法」。在三段論法中，如果我們承認P→Q是真實的，而由此推得的邏輯上的合理結論，可以寫成：

$$P \to Q$$
$$P$$
$$\overline{\qquad\qquad}$$
$$Q$$

假如P、Q是經驗命題，這表明複合命題P→Q也可能成立，也可能不成立，後者只要舉出一個反例就夠了。例如「凡是雞都會下蛋」，「若有雞和蛋，則有豬」，這些命題都未必成立的。這正是懶人悲劇之所在。而懶人的演繹推理方法，卻是無可指責的。

間接的推理方式

一道優秀的益智題，融合了趣味性與知識性，不僅可以鍛鍊人們的思維和邏輯推理能力，而且對調劑課餘生活，陶冶個人情操也大有裨益。

然而智力問題形形色色，大多有各自的特點，有時貌似複雜，百緒雜陳，使人無從下手，然而一旦「天機道破」，解決它卻在反掌之間。有時看去平淡無奇，似乎一舉手便可成功，但細細思考，卻是「關山險阻」，迷惘難解。

各類智力問題的難，大多難在一個「巧」字，真可謂「戲法人人會變，各有巧妙不同」。但這絕不是說它們之間沒有絲毫的規律可循。本節正是致力於探求這類問題的推理技巧，可運用間接推理的方法，即透過否定、肯定、反證、反向推理等方法，去解許多類型的智力問題。

邏輯思維的基本規律

邏輯思維的基本規律是什麼？總而言之，有下列

三條：

- 同一律：即思維應自始至終保持統一。
- 矛盾律：即思維中兩個相反或不相容的判斷，不能都為真。
- 排中律：在思維過程中，對一個邏輯上的判斷，要麼肯定，要麼否定，非假即真。

以上三條規律，從不同角度，對人類正確思維的一貫性、確定性與無矛盾性提出要求。

有趣的智力遊戲

老師為了測試甲、乙、丙、丁四名學生的分析推理能力，拿了五項式樣相同的帽子給他們看，並強調說：「這裡有兩頂白帽、一頂紅帽、一頂黃帽、一頂藍帽」。接著他讓四人依序坐在四級台階上，然後叫他們閉上眼睛，又替每人戴上一頂帽子。最後，他讓學生們張開眼睛，判斷自己頭上戴的帽子是什麼顏色。

結果是出人意外的。雖然說坐在後面的人，看得見前面的人所戴帽子的顏色，但甲、乙、丙三人看了看並想了想，都搖頭說猜不出來。某丁坐在最前面，他看不到別人的帽色，但此時都說話了，說他已猜到自己所戴的帽子顏色。

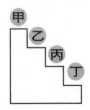

某丁是如何判定自己的帽色呢？可能聰名的讀者已經猜出遊戲的謎底。其實某丁的判斷並不難，他是這樣思考的。

「某甲得天獨厚坐得最高，能看到其餘三人的帽

子，他為什麼該猜不出來呢？肯定他看到了前面有人戴著白帽。因為假如前面的人都戴雜色帽的話，那麼他就能猜出自己所戴的是非白帽而莫屬了。再說某乙，他可是個聰明人，某甲的想法，他自然瞭如指掌。那麼他為什麼也該猜不到呢？一定是他看到了前面有人戴著白帽。不然的話，他就會從某甲的態度和其他人的帽色，判斷自己戴著白帽。最後說某丙，他的智商絕不比某乙低，可他為什麼也說猜不到呢？理由只是一個，就是她看到了丁頭上戴著白帽」。就這樣，某丁從眾人的否定中，對自己的帽色作了肯定。

上面的遊戲可以推廣到多個人，但雜色帽要比人數少一個，而白帽則至少兩頂。推理的方法是一樣的。只是無論結論是肯定的還是否定的，思維都必須符合一定的規律。

學習多面向思考

側面思考法並非每個人天生就具有，它是一種態度及思考習慣，而這種態度及思考習慣，乃是可以透過不斷訓練獲得的。

在新的E世代中，把自己訓練成一個擁有側面思考的人是很有利的，因為在未來歲月中，新觀念與新構想就是最大的資產、最大的財富；墨守成規，照本宣科，最後必定難逃被淘汰的命運。怎樣才能獲得側面思考法這種能力呢？

首先，必須認識對側面思考法造成阻滯的力量。明白垂直式思考不單對解決問題幫不了忙，還可能造成障礙。

以垂直式思考看問題，解決問題的人最易犯的毛病就是，先入為主認定了某個因素是決定性的，從而忽略了其他各種的可能成分，然後沿著這個因素順序思索下去，就算行不通時，仍然不願轉向另一角度去看，或者尋求造成這個問題的其他因素。

之所以這樣，是因為習慣於垂直式思考的人，一般都不懂得擺脫垂直式思考的束縛，只曉得「順流而下」，被先入為主的垂直式思考牽著鼻子走。

要擺脫垂直式思考法的支配有以下的方法：第一，詳盡、細緻地找出有關垂直式思考的一切，即它如何控制、影響某種情況及思考的過程。透過這種「暴露」過程，大家才能看清垂直式思考的局限性及其「兩極化的影響」。

另一種方法是承認垂直式思考的存在，然後逐點把它加以「扭曲」，令它完全走樣，再也站不住腳。

要擺脫一種單一想法的影響，有時不得不藉助外力。就如某名醫長期替一個病人看病，由於他太瞭解這名病人的心切，於是把診斷所得結果綜合在其診斷中，但病人並未有所起色。直到另一位醫生出現，從另一角度去看同樣的資料，作出了新穎、有效的診斷，而醫好了病人。這反應出垂直式思考的弊端。

明白了這個阻滯側面思考法的力量，接著就是開始打破常規。

在這裡我們引用著名心理學家馬斯洛（Maslow）所舉的一個例子：例如，只會使用錘子的人，總是把每個問題都視為釘子。這樣一來，他們就不願意去看看他們方寸之地以外的東西了。

受到垂直式思考影響的人，基本上都是這樣。他在思考、解決問題時，早有了先入為主的意見，自然而然，所有的想法都順著這種先決性邏輯推演下去，看什麼問題都擺脫不掉它的影響。

要避開某種垂直式思考的支配，大可以多做一些打破常規的事情，閒來無事不妨胡思亂想。

「試著為你的例行公事安排一些中斷期。改變你讀書時間的的長度；換一條路去上課；收聽不同的廣播電台；結交新的和不同的朋友；嘗試吃一種不同的食物。」

不要小看以上做法，它們可能帶來一些創意。

訓練自己從不同觀點去看待問題，也是一種非常

有效、啟發創意思考的好方法。同一種事物,如果從最不自然、最「瘋狂」的角度去看,會得到一些意想不到的收穫。狄博諾贊成故意、迅速地,以不同角度去看待問題,讓它們迅速經過思維的過濾,在各種不同方法的互動下,激發出一種有效的解決方案來。透過這種方法,亦可以突破垂直式思考的束縛。

一位深具創意的人,從來不曉得什麼是行不通或不可能的。他們想出來的東西,未必件件可以付諸行動,也不見得一定很實際,但世界上大部分的創意、發明都是出自於這類人之手,而永遠不會是由充滿成見,固執於某套思考方式,而且頭腦僵化的人所創造出來的。

創意,必須以打破成見為起點,垂直式思考正是一種成見,所以可以從它開始開刀,如同庖丁解牛一樣,遊刃其間。

一起來動動腦

台北某大傳銷公司,舉辦了一個「暴發戶」活動。

其中有一位怪老子,在開場白中,赫然出了一題頭腦體操的益智遊戲,其號稱只要做對了這題「身在五行中,跳脫三界外」的絕題,必能「醉臥美人膝,醒刮天下財」,且讓我們擦亮眼,拭目以待……。

據說這題,還是日本明星小學入學考的考題。

大家一起來動動腦,做一做頭腦體操吧!

「一筆畫出由四條線段連接而成的折線,把九個點串起來,你能做到嗎?」

同一種事物,
如果從最不自然、
最「瘋狂」的角度去看,
會得到一些意想不到的收穫。

～衝撞、毀壞與重新建構

解：先不要往下看，你先畫畫試試。你可能會畫出類似於下面的各種各樣的折線來，但你很快會發現，它們都不是符合題目的答案（見下圖）。

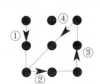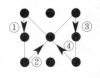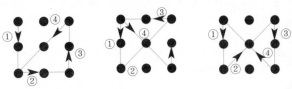

總結下畫過的折線的特點，顯然這些線段都沒有超出這九個點所決定的正成形。

再仔細看看已知條件，問題裡並沒有這一條限制，畫線段的時候，沒有不讓你超出這個方形框框。

明白了這點，就不難得到正確的答案了（見下圖）。

回想一下開始的想法也是屬於把題意瞭然錯了的情況，但是這種錯誤是很不容易被自己發現的，只有在解題的過程中，透過對自己的失敗解決加以總結，再與題目中所給出的已知條件加以對照，才有可能發現自己「不自覺」的錯誤想法。相信自己的直覺反應，有時，那會是一種「創造」。

回想一下，開始的想法，只局限在正方形框框裡打轉，在死胡同中走不出來，只有運用發散式創意思考法，跳脫框框的局限，孫悟空才能跳脫如來佛的掌心，而重擁一片窗外的藍天。

總之，解決此問題的關鍵為：要跳脫自己設限的框框，以開放的心靈，誠實地面對問題。

1. 如果你是文中所述的這位女兒，你的反應會如何？

2. 你喜歡一個非常科學化的國家還是文化氣息非常濃厚的國家？

3. 你認為常玩益智遊戲的人與不常玩益智遊戲的人，彼此差別在哪？

4. 過度的相信自己的判斷力、思考能力，最後之所以會釀成一些不必要的錯誤，這其中忽略了什麼？

共同打造
美麗新世界

現今，
我們所需重視的便是社會人心、
社會正義，
對自然環境、
居住社區盡一點心，
幫助弱勢族群，
拉平社會階級，
與台灣人民一同進步。

創建心中的美麗前景

> 「那是最美好的時代，也是最惡劣的時代；是智慧的時代，也是愚蠢的時代；是信仰的時代，也是懷疑的時代；是光明的季節，也是黑暗的季節；是充滿希望的春天，也是使人絕望的冬天；我們的前途充滿了一切，但什麼也沒有……」。
>
> ～節錄自狄更斯的《雙城記》

的確，多年來台灣沒有像今天有那麼多人，對台灣社會口誅筆伐，那麼關切台灣現況，事實上，台灣在另一個千禧年來臨之際，已走到了前有進兵，後有虎狼的十字路口，也就是要及時扭轉社會敗壞的風氣，向上提昇？還是自甘墮落、向下沈淪？而在此時，重建台灣價值觀，似乎也成為大家所期盼的美好願景。

解嚴後的台灣社會

南方朔先生曾模仿基督宗教中的七項罪惡，歸納出解嚴後台灣社會的七種特徵：粗魯、賴皮、推托、貪慾的表面化、權力的傲慢、仇恨的政治鬥爭，以及極其敗壞。

正因為一針見血，總統府於是大力推動「心靈改革」運動，藉由向上提昇人的品質，來形塑更多的「好人」。這十項值得台灣人用心去實踐的價值觀念是：尊重、關懷、守法、倫理、勤儉、整潔、效率、品質、溝通、和諧。

如果真存在人所需要的科學，那就是我所教授的科學，即關於怎樣恰當地為人所準備的創造中，取得位置，怎樣從中懂得：更成為一個人，必須首先成為什麼。

～康德

所謂風俗之厚，自乎一、二人之所向，而期望讓「好人」來移風易俗，扭轉乾坤，進而有效地塑造一個「美麗新社會」。可是中央研究院研究員—台大社會系教授蕭新煌先生卻認為，若只講究個人靈修，而不思制度的改革，「美麗新社會」恐難造就出來。於是他便提出了形塑一個「美好社會」的七個價值：

- 台灣社會各型各類犯罪層出不窮，必須加強破案率的提升。
- 社會福利不只限定於關懷，解決貧窮的措施，除了機關救助之外，還涵蓋了社會保險、社會服務等……。
- 知識：尊重知識，保障智慧財產權。
- 效率：「時間就是金錢，效率就是生命」，社會效率要增加，棄絕懶散，拖延的「差不多」心態。
- 和諧：族群要融合，棄絕偶像盲目崇拜、迷信風水改運之類的「偽科學」。
- 公平、公義：不只要對特定的災變或受害人作個人或社會團體的短暫援助，而建立更好制度，並要付諸實行。
- 永續經營：珍惜台灣特有的海洋生態、環境，而能永續發展。

似是而非的觀念

俗語說：「人生啊！處於順境要能知足，居於逆境要能求其生存。」生長在屬於人類生存的環境，面對著萬物萬事的劇烈變化、政治激烈抗爭的繞舌戰、逆向操作的媒體報導，在在都免不了陷入逆境的困惑。社會的逆向操作，也象徵著人心逆向思考而形成了所謂的「憂鬱症」，這還不打緊，有人可以因為失業而自縊、有人喜歡以縱火為樂，連高聳的巨山也要給他燃起炫耀的火苗、也有人熱愛壓馬路拿起抗議的布

條，吼破了嗓子也要力爭到底……，看著這樣令人厭惡的媒體頻繁的逆向報導，不由得令人擔憂，真可告訴社會：「凡事不要躁進憤事啊！」社會改造的問題便成了一道刻不容緩的課題了。

　　幾年前流行過一首歌「明天會更好」，唱得震天響地，選舉時很多的候選人都想拿這首歌或阿信的「感恩的心」來作主題曲。它唱出了每個人心中的渴望，期盼台灣的社會真能有美好的明天。然而，在掌聲響起的同時，卻少有人認真地想到自己可以為這個還不夠完美的社會做些什麼？即使想到了，也是光坐而言，而不起而行。

　　究其原因，不外乎多數人抱持如下心態：

◎自掃門前雪

　　其不少人認為僅憑一己之力，如何改造社會，倒不如「夏日赤炎炎，隨人顧性命」，殊不知人雖能影響社會，但相對的，社會腐朽敗壞的風氣更快腐蝕人心，「商女不知亡國恨，隔江猶唱後庭花」。「你不改政治，政治就來玩你」。

◎不要自找麻煩

　　我們從小就被耳提面命地告誡：管那麼多幹什麼，人家又不是你什麼人？這狹隘的塊域觀念，使得投入社會關懷的風氣付之闕如。認為照顧、愛護和自己相關的人是應該的，其他一概是自找麻煩。

◎沈默是金

　　近年來台灣社會黑道橫行，黑金勾結嚴重，政府公權力不彰，在在暴露出國人事不關己的嚴重心態。也直接告訴我們社會中有道德勇氣的人實在不多。所謂雖千萬人吾往矣的道德勇氣，就是團體或個人能把大家認為不應該的、錯的、不好的行為，與其舉發出來。或者設法去對抗它、抑制它，使對大家的傷害減到最小，使素行不義的人受到社會的制裁。

◎沈默並非我一人

西班牙有一句諺語「Consuelo dondos」，意即愚蠢人的安慰。指的就是這種人。他們常不反省是否善盡了責任，有沒有任何缺失，有則改之，無則加勉，而卻很會找藉口、找台階下，常從他人的過失、罪行中，解釋自己不做的理由，來紓解心中的不安。

以整體利益為優先

對社會上的每一成員而言「社會安定」為一必要之條件，在這樣的社會生存，才會有希望，而這樣的環境奠基在「正義」制度和政策的落實。維繫一個正義的社會的前題為社會中的成員必須有公民的自覺，意識到自己是民主社會公民的身分，在做任何有關評價公共政策時，皆以整體利益為優先，這樣社會合作之機制及體系才能發揮最大效用，社會秩序及安寧才能獲得提昇。

參與社會正義的分辨準則為：

◎人性尊嚴（Humcn Dignity）

一切社會組織的本源是人，主體及宗旨是人，故必須提供人們一切必要條件，幫助他們渡過其真正適合人性的生活。

◎扶助原則（Principle of Subsidiarity）

扶助原則是指政府具有補助式或參與公眾事務和經濟事務的責任，透過積極的方式介入某些事務，使社會得以進步，以致每一個人，作為社會的一分子，其權利都得尊重。

◎公共福利（Common on Good）

公共福利包括一切社會生活條件，使個人、家庭及社團可以成全自己。

◎對貧窮人的優先選擇（Proferential option for the poor）

　　一個人若在社會中愈難自保，便愈應得到他人的關懷和照顧，尤其政府當局的干預。

　　要當個正義行俠者，也必須運用智慧，在適當的情況下，做應當做的事，我曾在台北捷運站看過這樣的例子：那天，有一位小姐被一群看似黑道的男生圍著，可以看出那些男生欺負或是要求追求那位小姐，這時，有位當街乞討的乞丐竟向前走去，一手搭著那位女子的肩，然後，故意對著那群男生說：「這是我妹妹。」並接著說：「快繼續乞討吧！否則怎麼有錢去治療愛滋病呢？」於是，那群男生便拔腿就跑。

　　那位乞丐救了那位小姐，我實在是看傻了眼，一路上心想，原來正義可以這麼有智慧，即使是一個當街乞討的乞丐，行為卻是令人如此尊敬以及佩服。

「做」就對了！

　　「做」就對了！是證嚴法師的一句話，也是台灣數百萬慈濟人行善的動機和理由。打造一個理想社會需要有許多肯「做」的人，不僅做天使般悲憫的服務，也要做先知般勇於改造社會不公義的結構和制度工程。為了培養我們具有社會關懷的視野和行動力，成就未來公民的角色，我們可以做的是：

- 參與義務服務，瞭解受苦者、貧窮者的處境，勇於探究造成受苦者的根本原因。
- 多留意社會、國際之間的大事，看報紙言論版，新聞版，多看電視的新聞節目、時事座談等⋯⋯。
- 與受苦者一起抗爭不義制度的改變，保障他們的合理權益。
- 投稿報章雜誌，表達自己的看法。
- 參與社會關懷的團體或組織，同時響應正義人

士的呼籲。

- 支持能給予社會弱勢者照顧的政策與法案。
- 關心自己的社區,願意以全村之力,為社區出力,投身和社區有關的發展和活動。

「打造美麗新台灣」聽起來像似一種口號,所以,我們便更強調「做」就對了的動作。台灣確實是個美麗的寶島,我們可到日月潭的慈恩塔遠望日與月之間的潭,如果仔細分別,它曾是一邊出太陽,另一邊是下著細雨;阿里山的日出、陽明山的花季,還有墾丁的海邊……等,皆是台灣著名的觀光勝地;現今,我們所需重視的便是社會人心、社會正義,對自然環境、居住社區盡一點心,幫助弱勢族群,拉平社會階級,與台灣人民一同進步,一同打造美麗新台灣。

生命隨堂測驗

1. 對社會抱持希望而達到共同的願景,你有信心嗎?原因何在?

2. 你曾有「路見不平,拔刀相助」的經驗嗎?意義何在?

3. 請你舉出如何幫助弱勢族群的途徑?使台灣變得更美麗。

因應全球化的浪潮

在一個彼此互動關係日漸頻繁的世界，
更需要建立人類共同的價值、
目標、理想及願景。

突破時空限制的新社會

　　隨著網際網路的興起，資訊傳遞突破了地域的限制，而拉近了人與人之間的距離，我們看到整個地球彷彿已經成為一個密不可分的村落，生活在這一個村落中的每一個人，皆能集全村之力，共同營造一個美麗的地球村。

　　人類與其它生物皆為生活在地球上整體的一分子，而成為一個豐富而多元化的複雜適應系統，透過多元化的機制，我們希望能過渡到一個更為永續發展的世界中。

人類需要和平共處

　　表面上看起來，我們擁有足夠經濟、政治、科技、文化、與宗教資源來建立更完善的世界新秩序；但是，在世界上各種衝突的力量中，包括了種族、社會、政治、經濟、宗教等，如果想要建構出一個美麗新世界，實在是危機重重。雖然我們生活在前所未有的科技進步中，但是全球性的貧窮、飢荒、戰爭、生態失序等情況，都是有增無減。因為，還是有很多人生活在經濟蕭條、社會脫序、政治內耗、種族戰爭與道德瓦解的威脅當中。

　　而對目前的世界形勢來說，人類需要一個和平共處的環境，每一個國家，不同的宗教團體都必須手牽手、心連心地負起保護與珍惜地球的責任。這個責任基礎繫於我們共同的希望、理想、目標與行為準則，雖然過去我們因為自私自利的緣故，已經逐漸失去了

「心靈不因時空變化而改變他自有天地。一念之間的力量可以化地獄為天堂，化天堂為地獄」

～約翰‧米爾頓

這些責任。但是,我們還是相信——不管他們是如何遭到濫用或忽略,個人和團體有責任去宣傳這些希望、理想、目標及行為準則。仔細觀察並反省目前全球的經濟、政治、社會、科技、生態環境的負面發展,更使得我們感到需要建立一種全球性倫理規範。

建立全球性的倫理規範

我們每個人,無論身處在地球上哪一個角落,無論是貧富,也不管是福還是禍,大家都不自覺地受到全球性各種狀態的衝擊。而對地球產生的溫室效應、聖嬰現象、反聖嬰現象、臭氧層的破洞等,來自大自然生態環境的大地反撲、全球性的網路泡沫與蕭條,有如骨牌效應襲捲全球,網際網路技術的普遍使用,進一步顛覆傳統的人際關係。在電腦網路上,接觸的人大多數都是陌生人,而非以往的君臣、父子、夫婦、兄弟、朋友之五倫關係。遺傳基因工程的進步,人類史上第一隻複製羊桃莉的出現與複製人的倫理問題挑戰,都在考驗著人類的智慧,如何去因應這些生活周遭人與人之間的問題?但唯一確定的是,無論你願意與否,全球化的生活方式對每個人而言,可以說是立即而明顯的感受。

在一個整體,彼此的互動關係日漸頻繁的世界,更需要一種全球性的倫理規範。現在的人類正需要共同的價值、目標、理想及共同願景。所以,在我們的生活中,最重要的就是對於生活導向、生活規範、生活態度、生活價值及生活意義所承擔的責任。此種責任超越了各種族與文化,也超越了各個國家及宗教團體的界線,可以稱為「全球倫理」(Global Ethics),它的目的是誠實面對人類最起碼的共同價值、規範與行為準則,並做出適當的回應與行動,而摒棄意識形態式的說教。

國家與地域間的整合

我們觀察全球目前的土地荒廢、人口增長、資源分布及使用的不平均、能源短缺、生態環境受到嚴重污染、世界各地層出不窮的戰爭問題，我們不得不承認，我們需要一個互相依存，平行處理的中心化思維。每一個國家都是互相依存的，相當依賴著這個大家庭的生態環境系統的健康與繁榮。

在十九世紀中葉，有一位名不見經傳的西雅圖部落首領，曾經這樣警告過美洲新大陸開拓者們：「人類屬於地球，而地球不屬於人類」，對整個地球生態系統而言，每一個國家都只是很小部分，國家與國家之間所謂的「國界」，對於水源的分界、空中領域的分界和自然生態的分界，其實是沒有意義的，因為我們就只有一個地球。

借助宗教，約束人類的行為

「世界宗教議會」曾經於一九九三年八月二十八日至九月四日，召集了全球六千五百位不同宗教的人士，相聚於芝加哥，探討全球性的倫理與宗教的關係，並且發表了一份「全球倫理宣言」。他們反省了在變動劇烈的人類歷史上，所謂的現代化成就，是需要加以批判的。因為，我們擁有了進步的科學，卻沒有足夠的智慧來預防科學技術被誤用；我們擁有各個領域的技術，卻沒有相對應對的倫理和宗教力量，來控制大型技術所可能產生的危害；我們空有工業的開發，卻沒有相對環保意識來抵禦盲目的工程開發；我們徒具民主的制度，卻沒有最低的道德意識，來制衡有權勢的個人或團體不當地擷取巨大非法的利益。

「世界宗教議會」對我們而言只有一個「家」，地球只有這個事實並且正確地指出：世界上每個宗教正

對著千千萬萬人的行為，發揮強大的影響力，若我們只局限於作社會、經濟、生態、文化上的分析，卻忽視宗教的力量，那實在是忽略了一個關鍵性的因素。不可否認的，宗教對世界和平及環境生態系統具備了重要責任，宗教信仰在一些重要議題上的意見，也十分值得重視。最明顯的例子：基於不同信仰，對於「家庭計畫」就會有不同的立場，例如，對「生命」的觀點，連帶地也會影響對於墮胎、安樂死、試管嬰兒、複製人等倫理問題的考量與判斷。

我們可以借助宗教信仰的力量，來克服人類的全球性問題，可是不要煽動種族或信仰的衝突，放棄宗教狂熱主義的宣傳，並且多加發揮每個宗教幫助人的共同點，則宗教的力量將會使全人類獲得好處，因為宗教的包含力與約束力確實超越了法律與制度。宗教是在一個更深刻、更內在的心靈層面向我們呼喊，它不只是在理性思考的層面，而且一種屬於感受、心靈的層面。因為宗教要求的不僅是遵守一些規則，而是真正能從內心去影響個人的氣質和舉止的德性，例如「愛」。

有一次，諾貝爾和平獎得主德瑞莎修女出席一場聚會，參加的人有來自世界各國的總統、領袖和政客。他們身上穿戴著絲質的衣服、皇冠和珠寶，而德瑞莎修女則穿著印度婦女常常用來做衣服的粗糙長布。一位貴族問她在加爾各答「眾人中的窮人」工作的情形，她對自己的工作成就是否感到灰心？德瑞莎修女回答：「不，我並不灰心，你曉得，神並沒有召喚我去做有成就的工作，祂召喚我去做憐憫和愛的工作。」所以，出於宗教信仰的要求，是法律制度用相同的方式，無法達到的目的，它更能夠成為個人持之以恆的動機。

雖然，各個宗教不能具體地解決環境、經濟、政治和社會問題，但是它們提供一些政經規劃或法律制度所無法達成的結果。例如，「內心深處的定位、人類的良知。宗教更可以毫不含糊地解答法律或政治無

法解釋的事情。」為什麼道德原則與倫理價值必須是無條件？（並且不只在對自己有利的時候）而且使所有階層、種族、國家去承擔義務？因為個人的宗教信仰，能幫助自己無條件地去實踐這些倫理價值。

全球倫理宣言

為期一週的「世界宗教議會」結束之後，大會發表了一篇「全球倫理宣言」，這份宣言不只在討論過程中，沒有對立者反對，反而得到大部分宗教代表簽名支持。這個事實告訴我們，面對現代多元化思維的挑戰，各個宗教中的有識者，已經有了這樣的意識—即使是連宗教都不能孤立地存在。他們深刻地警醒到人類是互相依存的，而且也需要彼此互相尊重地對話與合作，人類既然是一個整體，宗教當然也無法獨立於其外。

全球倫理宣言廣泛地被各個宗教代表所接受，這一點強烈地顯示出：所有宗教內部都有這份宣言的倫理傳統、價值、準則與規範，這些因素都有助於建立彼此的共識。任何支持這份宣言的人，都能夠由自己的宗教傳統出發，去答覆並實踐這份宣言的倫理要求。

事實上，不論有無宗教信仰，都會同意遵守一九四八年十二月十日發表的聯合國人權宣言第一條款：「所有的人皆生而自由，並擁有同等的尊嚴和權利。所有的人也都賦有理性與良心，大家應該以博愛的精神，情同手足，互相對待。」這就是說：「人」永遠不能成為被利用的對象，人不應該淪為經濟、政治、媒體、研究機構、商品化和資訊化的工具。在這個前提之下，一個人才能獲得幸福而充實的生活。

全球倫理要幫助每個擁有理性和良心的人，都有義務以他真誠的生活方式去行善避惡。全球倫理希望喚回不變的、固有的倫理標準，不是另一種變相的束

人不應該淪為經濟、政治、媒體、研究機構、商品化和資訊化的工具。在這個前提之下，一個人才能獲得幸福而充實的生活。

～突破時空限制的新社會

縛和負擔,而是人類再次尋找和實現生活方向、生命意義的協助與支持。這個標準就是歷史上幾千年來各個宗教和倫理傳統所堅持的「己所不欲,勿施於人!」如果以肯定的方式表達就是:「己所欲,施於人!」這個絕對的標準,它在生機勃勃的社會發展過程中,引申出四個必要的原則,這些原則適用於生活的每個範圍,無論是家庭和社會、種族、國家和宗教。

◎唾棄暴力,尊重生命

在人類偉大古老的宗教倫理傳統中,有一個共同的準則:不可以殺人!若用肯定的方式來表達就是:尊重生命!每一個人在不傷害別人的權利之下,自由地發展並充實自我的生命。沒有人有權利對他人的肉體或精神,予以施刑和傷害,更不能殺人。當然,只要是人的團體,就會有紛爭的產生,但是,這些紛爭,不管是在個人或國家的範圍,都應該用非暴力的方式及和平方法來解決。青年人在家庭與學校的人際關係中,都應該學習唾棄暴力,只有非暴力文化才能解決衝突,以暴抑暴的方式,只能得到暫時的效果,卻不能根本地解決問題。

◎建立公共經濟秩序

在古老的宗教和倫理傳統中,我們找到這個準則:不可偷盜!正面的意思就是:誠實公平地交易!每個人都沒有權力搶奪他人或公眾的利益,更不能在運用個人財產時,忽視社會與地球的需要。哪裡有貧窮、無助和絕望,問題就會在那裡蔓延;經濟不景氣、失業直線上升、社會上偷竊和搶劫的情形也就越容易發生。所以,每個人或團體在增加及累積財富之餘,不可以忽略對於貧窮人的責任。

當我們看到許多國家的負債危機和貧窮問題時,有一些事情是必須區別出來:什麼是日常生活必要的消費與貪心毫無限制的消費?什麼是社會公益與非社會公益的金錢用途?對於自然資源正當與不正當的運

用？唯利益導向與公益及環保導向的生產方式？我們
應該利用經濟和政治的力量，為社會大眾服務，而不
應把它們盲目地用於爭取權力與利益。我們不要盲目
追求金錢、聲望與消費；因為，在貪慾當中，我們也
失去了自由、沈靜、內在的平安，而這些特質正是之
所以為人的特質。

存異求同，尋找共識

在古老偉大的宗教和倫理傳統中，我們找到不可
以說謊的準則，正面的表達就是：誠實地言行。我們
要學習以真誠的態度與別人交往，應該分清楚多元化
與蔑視真理的差別：前者是大家誠實地表達自己的想
法，從這些多元的想法中存異求同，尋找共識；後者
是一種霸道的心態，它只是獨斷地以自我觀點做為唯
一考量。

兩性平權，互相關懷

在人類古老的宗教倫理傳統中，我們發現這樣的
命令：不可姦淫！正面的表達就是：彼此相愛，互相
尊重！我們認為沒有人有權利把他人當成是純粹的性
工具，導致或是控制別人作為性生活的工具。青年人
要學習以夥伴的關係，和異性建立起共同的生活，並
且學習瞭解性不是負面的、傷害的力量，反而應該是
富有創造力和受肯定的，當男女雙方彼此都能以夥伴
的關係，來關懷他人的幸福時，性才可以作為生命的
推動力。

青年人正處於生命的黃金時刻，各方面都是可塑
性最強的時刻，有如海綿容易吸水一樣。若我們對周
遭的人建立起正確的生活態度，進一步地幫助他人，
將會有助於將來進入社會工作或大學念書時，培養自

己樂觀進取、積極向上的生活態度以及與人交往。

地球村村民守則

對地球村的每個人和每個團體而言，首先的要求就是對他人的尊重，「只要我喜歡，有什麼不可以」的說法，應該是在尊重他人的前提下來進行。以下是幾個重要的參考原則。

自由與正義並存

我們要擺脫窮人與富人的界線，解決那些引起飢餓、貧困與死亡的結構，遠離那種損害甚至拒絕道德與倫理價值的生活方式。許多國際性的組織，像紅十字會、聯合國教科及組織、世界展望會、國際特赦組織、國際綠色和平組織等，都是扮演這種角色。

平等與多元共生

我們要擺脫種族上或文化上的歧視，造成個人或團體之間彼此排擠的隔閡，尤其是改正對落後地區和國家的輕視與冷落。期待以開放的胸懷、存異求同的態度，對待持不同意見的個人或團體。

兩性互信互愛

我們要追求煥然一新的、由男女公平地共同組成的團體，在這個團體中，婦女們可以在各個崗位上，與男人一樣承擔起相同的責任，她們可以自由地發揮才能、表達意見價值與經驗。希望建立一個夥伴式的

世界新秩序。

用和平解決衝突

我們支持並促進人類各種團體的和平，並且用和平的方式解決社會的爭端，放棄軍備競賽，不要運用武力的方法，解決日常生活紛爭和衝突，期待一個提倡和平的世界秩序。

◎重視環保，尊重自然

我們要找出一條人與萬物都完整地受到重視的道路，擺脫人對大自然驕傲的牽制心理，避免嚴重破壞生態環境的生活方式，以及只是出於經濟利益為考量的生產方式。更拒絕為了私人利益，破壞生態環境的個人主義。我們要保護物種的多樣性，避免海洋、陸地、空氣與淡水的污染及進度利用，終止核子威脅，促進世界和平，全球軍武裁減及不使用暴力，期待每個人以永續經營的想法，建立一個愛好大自然生態環境的世界新秩序。

◎去除宗教間的藩籬

各個宗教要不斷地感恩與革新，我們要真心誠意地讚美造物主的愛。放棄宗教之間沒有意義的紛爭，期待建立不同宗教之間，可以針對全球問題攜手合作的世界新秩序。

青年人應該在家庭及學校學習真誠地思想、說話和行動，並且有權利得到知識和教育，好使我們有能力作出決定，如何塑造自己的生活。因為，缺乏倫理的知識，無法區分重要性的層級。在資訊爆炸的今天，全球倫理的關懷與正確的宗教情操，正好可以幫助我們認識在不同的觀點和事件上，可能包含了真正的事實、隱藏的利益、誇張的報導和被扭曲的事實。我們願意澄清這些盲點，並且建立一個尊重個人也重

視生活環境的美麗地球村。

生物多樣性的保護

　　人類可以透過傳遞差錯與基因重組及自然選擇而產生出有效複雜性，這種複雜性已由當今存在生命形式驚人的多樣性所顯示。那些生命形式包含了大量資訊，這些資訊是透過地質時代而逐漸累積起來的，其中包含有地球上生存方式及各種不同生命形式之間互動的方式進行的。但迄今為止，這些資訊為人類所瞭解的僅是很微小的一部分！

　　然而，透過大量生產及每個人（特別是每個有錢人）對環境造成的破壞性影響，人類已經開始導演一場滅絕的荒謬劇，最終它的破壞性也許能與過去一些大滅絕一比高下。歷經如此漫長時期的進化才累積起來的複雜性，在幾十年的時間中，就毀滅了其中很大一部分，這難道是人類所想預見的嗎？

　　難道我們人類將像某些其它動物那樣，為生物需要所驅使而見縫插針地去占據每個可利用的空間，靠饑荒、疾病與戰爭來抑制我們的人嗎？或者我們將利用我們引以為自豪的，也是我們人類這一物種所特有的智慧？

　　隨著新的千禧年到來，人類所面臨最重要任務之一，就是保護生物多樣性。這一事務涉及到世界各地、各行各業的人們，我們應該運用多種方法來決定需要做些什麼，特別是首先需要做些什麼。雖然在不同的地方，優先的順序有所不同，但還是存有一些普遍適用的原則和策略。

遍及全球的通俗文化

　　世界各地的地方文化模式所受到的侵蝕，並不全

然是，甚至並不主要是由科學啟蒙的普遍化作用所致。在大多數情況下，大眾文化（Popular Culture）在消除兩地或社區間的差異方面極其有效。牛仔褲、速食快餐、搖滾樂以及美國肥皂電視連續劇已風靡世界多年。而且，普遍化的影響並不能簡單地歸類於科學文化或大眾文化。相反地，它涵蓋了各種不同文化影響在內的整個範圍。

在深奧文化與通俗文化之間一個灰色地帶為「有線新聞網」（Cable News Network，編CNN）這類機構。在某些情形下，CNN廣播能為你提供在別處得不到的，而深富價值的及時消息，以及準確公正的資訊。它們似乎被認為代表一種娛樂方式，是普羅式大眾文化的一部分。從世界各地所接收到的新聞廣播與報章雜誌上的文章，而造成了世界性的「資訊爆炸」（Information explosion），此外，其他非小說性的刊物與書籍也大量地增加了，更不用說迅速增加的電子郵件與互動式多媒體通訊爆炸了。

不幸的是，上述資訊爆炸很大程度上，是錯誤資訊的爆炸。我們所有人都處於大量資料、資訊的包圍之中，它們包括資料、觀點與結論，而其中大部分是錯誤、被誤解的或簡直就是雜亂無章的垃圾。現在急需更多富有創意才智的評論及詮釋湧現出來。

我們應當高度讚揚此種創造性工作，即撰寫嚴肅性的評論文章與書籍，將可靠的與不可靠的資訊區隔開來，並以合理、成功的理論與其他綱要形式，將看似可靠的東西加以系統化與歸類。

邁向更為永續發展的世界

生物多樣性的保護問題與整體生物圈的未來問題密不可分，而生物圈的命運反過來又與人類未來的每個領域都有著密切的關係。我們要求各行各業的人們，一起來考慮此一問題，即是否有一個漸進的方

案，使21世紀能向一個更接近永續發展的世界邁進。

我們生活在一個不斷專業化的年代，而且此種趨勢具有充足的理由。人類不斷地從每個研究領域中，學到更多的東西；每當一個專案形成，它都傾向於分裂成一些子專業。此種過程不斷地發生，而且這也是必要和值得做的。然而，專業化也越來越需要以整合作為補充。理由是對於一個複雜非淺性系統來說，我們不可能透過將它們分解為既定子系統而是完整地描述它們。如果那些彼此有著密切相互關係的子系統被分開研究，即使是非常地小心謹慎，所得結果的總和也仍然不能構成一個有用的整體圖像。從這一意義上來說：「整體大於部分之和」這一代格言蘊涵著深奧的真理。

如果人類的確具有此種整體的預見能力，能在某種程度上瞭解未來的歷史，即它將是一個高度適應變化的歷史，而非僅僅是一個偶發單一事件而已。而人類在從更大的永續發展邁進時，人類的良知才能與地球合為一體，而使與自然界的互動關係和諧發展成「天人合一」的境地，人類作為一個整體而禍一害二的物種，與地球上其它生物才能和諧地整合成一個多元化而豐富美麗的複雜適應系統，而存活在我們賴以為生的唯一地球中！

生命總會找到出路

1. 你可以選擇出生地,你會希望自己落地於哪一國家?為什麼?

2. 你認為如何制止「盜版」市場的盛行。

3. 當你遇到對地球進行破壞的人,沒有素養的人,你會如何糾正他?

4. 處於多元化環境的我們,除了讓你生活在科技化的新時代之外,還讓你體會到什麼?舉正、反面的例子,加以説明之。

樂生不畏死，
生命有尊嚴

有些人以畏死塑造生活，
有些人以樂生塑造生活，
前者雖生猶死，
後者雖死猶生。

死亡是身體的長期睡眠

人生有長有短，壽命是人無法掌握的一件事。生活有苦有樂，但是大多數生活的歷程是我們有把握做決定的。因此對生活乃至於自己的生命，要如何來把握，使人生有意義，使臨去不遺憾，其實是一個非常重要的課題。

許多人避談死亡，認為談論死亡這件事是很不吉利的，甚至路上遇到有人家治喪就立刻掉頭改道。死亡真是這樣可怕而不吉利的事嗎？

希臘哲學家蘇格拉底在二千多年前就這麼說：「雅典人啊，害怕死亡乃是以不知為知，與非智者而自以為是智者無異。沒有人知道死是否會變成人類最大的美善，卻彷彿已知死亡是至惡一般，而畏懼死亡。」法國精神治療學家伊格拉斯·李普（Ignace Lepp）在他所著的《死亡與其奧秘》中說：「熱愛人生不失為抑制死亡恐懼最佳及唯一有效的方法」。哲學家霍雷斯·卡倫（Horace Kallen）也認為：「有些人以畏死塑造生活，有些人以樂生塑造生活，前者雖生猶死，後者雖死猶生。」以佛家觀點：摒除「執著」枷鎖，才是去除死亡恐懼的妙方。從歷史上，乃至於我們的生活中，可以找到許許多多無畏地面對死亡的典範人物：譬如：蘇格拉底曾說：「真正懿德善行者和篤信智慧的人的報酬，便是前往一個可以和神，古代英雄與名人相互交談、切磋的地方。」在他受刑後臨死前朋友們不捨而大哭，他要他們稍安勿燥，說：「你們為什麼莫名其妙的大哭呢？我聽說人應該在安靜中死去。」耶穌基督在為世人贖罪，被釘死十字架上時，還這樣說：「父啊！原諒他們吧，因為他們不知道自

「維護生命尊嚴，
發揚生命意義，
活得愉快，
死得痛快」

～生命禮儀博覽會

己做了什麼事。」中世紀英國大臣湯瑪斯‧摩爾為堅持他認為正義的事，不願屈從英王的命令，被囚禁而致處死，感動了許多人。

聖女貞德為了拯救祖國，而領導法軍英勇作戰，最後卻被爭權嫉妒者陷害，死於火刑。反而激起了民眾無比的愛國情操，繼承了她的遺志，而拯救了國家。

中國古代哲人莊子是另一種典型；他認為人死是一種回歸自然的現象，再自然也不過，所以他要求他的弟子，不但不可以按當時禮俗厚葬他，相反地，他要以天地為棺槨，以日月為璧，星辰為珠璣，萬物為齊送。「在上為烏鳶食，在下為螞蟻食。」表現出萬物一體的自然觀。禪宗大德多半把生死視為日常普遍的事，「做一天和尚敲一天鐘」，注重日常修練的功夫比關心死日更重要。而文天祥「人生自古誰無死，留取丹青照汗青」不但造語悲壯，更以具體行動為他的詞歌作見證。

其實，有關自身對死亡的恐懼，是對於有關自身情感衝動、記憶、能力、潛力以及命運的恐懼，並不單指死亡而言。當死亡不是終點時，那麼，生存的歷程便是人們所謂的恐懼，因為，過程是生存時，人會有意識，能加以記憶，也會加以憂心，所以，死亡便是身體的長期睡眠，過程才是會在此刻結束，並非靈魂終止。

人，若能痛快的死一回，一定可以享受、體會人世間的美好事物，並不斷在腦波裡感應回憶的滋味。

猶如，沙漠中的一滴泉水也會思念水豐沛的瀑布河流；在海灘上躺睡的一只貝殼也會靜觀大海的驕傲。

死亡之所以沒有終點是因為死亡是另一個國度，另一個空間，或是另一個開始，「終點」不再是死亡原則了。

生活禮儀文化博覽會

生命禮儀文化博覽會是國內首次由台北市政府社會局舉辦之殯葬相關博覽會，包括「規劃生命」、「還原生命」、「更新生命」、「把愛留下來」等系列主軸。透過動、靜態方式，展現各種殯葬觀念和實務儀程。

預立遺囑和安寧照護，是主辦單位希望民眾接受的重要觀念。預立遺囑的重點，可表達對生命的回顧，對遺物的處理、遺贈、喪葬處理、遺產分配、指定監護人、財產信託、保險受益人指定等。

人們往往在臨終前才想到後事的處理，像二〇〇一年九一一發生在美國的恐怖分子攻擊事件，有近萬人來不及向他們所愛的人說再見，就此天人永隔，這個遺憾也提醒我們應該預立遺囑，提早安排身後之事，減少爭議。

這次博覽會，希望能改變國人過去的一些想法，讓生老病死有更完美的歷程，對人生的定位能有一番新的體認。美國在二十年前就推動生死教育，許多學童很早就開始接觸到與人生「最後時刻」有關的事物，還教孩子寫墓誌銘。

馬英九市長並為展覽點燈，並在祈福留言牆上寫下箴言。馬英九寫的是「維護生命的尊嚴，發揚生命意義；活得愉快，死得痛快」；聖嚴法師則寫道：「生命是無限延伸的光輝。」

所以「生命禮儀文化博覽會」，特別凝聚社會的集體力量，倡導更豁達的人生觀，以達觀的態度迎接生死！以積極的行動規劃生命！

正面迎接死亡

有些精神醫學家分析上述的情形，他們認為其實死亡本身並不見得有多可怕，一般人的害怕其實是一

種「源於瀕死的焦慮」。意思是說，死後有沒有知覺我
們不瞭解，但是一般人的恐懼感，其實都是建立在心
理受到威脅，而產生的不好、不舒服、不喜歡的感覺
上，例如：對於核武的毀滅和全人類的滅亡威脅。這
是一種對於集體死亡的恐懼，尤其愈富強的國家中，
人們彷彿愈沒有安全感。現代人與古代不同，所面臨
的死亡特徵亦不相同；透過媒體的特性（平面、立
體、即時），我們往往能真實地目睹死亡。例如，911
紐約世貿大樓事件、921大地震、核能電廠災變等……
更不必談天天可見的交通事故了。而一般人的反應會
感到殘酷、可怕，而掀起反核、反戰，要求回歸自然
等的運動和呼聲。另外，工商業社會日趨忙碌，相形
之下人際關係愈來愈疏離，於是許多人在缺乏關心
下，為痛苦、孤獨、拋棄、失去自我而感到恐懼，一
般觀察認為：愈是專心和熱愛人生的人愈怕死，但也
愈願意去尋求「死亡品質」的提昇；認為人生是痛苦
負擔的人，則歡迎死亡，但也往往在死亡來臨時一無
準備，或根本是倉促缺乏考慮之下去尋死，使得生前
不快樂，死時也毫無尊嚴。但大多數人雖然也知道要
注意，大半還只是過一日算一日，抱著能逃避就儘量
不去面對的鴕鳥心態。

　　死亡之所以可怕，在於人會對自己生前未充實生
命內涵而感到心慌，唯有為死亡預作一點功課，對自
己便不會有所謂的直接傷害。例如，女作家曹又方能
坦然面對死亡，微笑地為自己舉行生前告別式，一一
向好友互擁道別，雖然我們可以知道她對這世界是如
此的不捨，但「寧願走得安然，也不要走得匆促」。

　　中國唐代詩人李白詩云：「處世若大夢，胡為勞
其生；所以終日醉，頹然臥前楹」這種頹廢的心情，
就是存心輕忽生命的尊嚴，刻意去遺忘生死，及時行
樂。與現在也有許多人濫用藥物、瘋狂追逐歡樂的行
為如出一轍。但從無數的事例中，我們發現：享樂不
能使人滿足，更不能使人得到幸福。反而常因為賺取
物質，滿足慾求，使我們忽略了生命中真正有價值的

死亡之所以可怕，
在於人會對自己生前，
未充實生命內涵而感到心慌，
唯有為死亡預作一點功課，
對自己便不會有所謂的直接傷害。

～死亡是身體的長期睡眠

179

一愛、慈悲、友情，道義……等，對自己很重要、對
社會更為重要的事物，而使我們在大限來時而後悔不
已。

命運的各種巨大的必然性，例如：生、老、病、
死、是不可避免的，因而，自我對之作出反應的情境
是一種對自我的保證作用，也許亦是一層所謂生命的
保護色彩，使命運不再是只有黑白。那一群接受桃園
縣生命線協會表揚的生命小鬥士個個開朗、樂觀，把
挫折、打擊，甚至是被譏諷鄙視當「補品」，成了磨練
自己的原動力，這一群小鬥士們有的是肢體重障，有
的是天生肌肉萎縮、腦性麻痺、有的喪親、有的重病
……等，但他們卻不會因此被殘酷的現實打倒，並不
忘對我們說：「我們是一群打不倒的小鬥士，YA！」
可見，一個人若能克服他生前的種種災難、挫折，美
麗的人生將伴隨你左右。

安樂死與臨終關懷

安樂死的原本意義是「幸福快樂地死亡」，這種觀
念代表了人類絕大多數人的願望，寓意和中國的「善
終」、「盡天年」、「全而壽」十分吻合。這是一種真
正意義上的「優死」。一般而言，符合原本意義的「優
死」情形，大致有下列幾種：一種是具有相當高修行
的人，如歷史上的一些高僧、養生家，他們能自主自
如地把握生命的終結，視死如歸，以湛然寧靜之態安
詳亂世。中國敦煌藝術寶庫榆林窟就有描述此情景的
壁畫：一個銀鬚飄髯老人，行將命終時，自行端坐於
墳墓，神態安詳。佛經中稱：「人命將終，自然行詣
塚間而死。」一種是無疾而終或猝然而逝，通常是未
經過什麼病痛，在充分享有生命的樂趣之後自然死
亡。第一種「詣塚而死」的情形非常人能及，第二種
情形中的無疾而終，如果一開始就重視養生保健，並
持之以恆，還是有可能做到的；至於猝然而逝者，如

正當英年固然有壯志未酬之憾，於親屬亦屬悲慟之事，但就逝者本身而言，就如壽終正寢、無疾而終者一樣，也可算是「無痛苦幸福的死亡」。還有一種情形可以勉強說得上是安樂死的本意，那就是當代的臨終關懷受益者。

臨終關懷（hospice cure）也是由國外引進的新概念，亦稱之為「寧養服務」、「善終服務」。臨終關懷是對臨終階段的病人及其家屬的一種「特殊服務」。實際上也是一種對臨終患者處置死亡的方式。它主要是向臨終病人及其家屬提供包括醫療、護理、心理與社會等各方面的照護，使臨終病人的癥狀得到控制，痛苦得以紓解，生命品質得以體現，生命受到尊重，同時，病人家屬的身心健康也能得到關照，最終使患者能無痛苦，無遺憾、安詳或舒適地告別親友與人生。臨終關懷的性質要求醫護人員一方面掌握控制，減輕病人疼痛的高超技巧，另一方面要具備撫慰病人因孤單、怕受遺棄、怕被視為家屬負擔，以及心願未了等所導致的心理問題的本領，以防止沮喪抑鬱、尋求自殺等情緒的惡化。

臨終關懷於二十世紀四○年代首先於英國興起，自英國桑德斯（D.G Saunders）醫師在聖克里斯福建立起臨終關懷醫院，西方國家都相繼開展了臨終關懷的服務。

臨終關懷雖然同樣面臨著經費、設施以及技術上的眾多問題，但對數十年來安樂死進退維谷的狀況來說，無疑是「山窮水盡疑無路，柳暗花明又一村」，給出了一條新的裝置臨終病人的探索途徑。臨終關懷的一個主要特點是：既不盲目地投入大量醫藥、設備去救治回天乏術的病人，也不簡單草率地處置病人。它是以病人為中心，依據病人各自的特點，以控制病狀，和支援療法為主，探取生活護理、臨終護理和心理、精神上的慰藉。其目的不是延長患者的生存時間，而是使病人在減少身心痛苦的同時，得到無微不至的關懷和溫暖，包括家屬對病人的親情與照護，使

臨終關懷是對臨終階段的病人及其家屬的一種「特殊服務」。實際上也是一種對臨終患者處置死亡的方式。

～死亡是身體的長期睡眠

他們滿懷尊嚴，寧靜、坦然地辭別人生。如果說，安樂死是為了幫助臨終病人解除痛苦，那麼在一定程度上，臨終關懷也能達到此目的，而且不需要以主動結束生命的方式作為代價。何況，安樂死是以了斷生命的方式，解除病人的痛苦，實際上病人在臨終之前的身心痛苦依然存在，是帶著遺憾而離世的；而臨終關懷則是以紓解或解除病人的身心痛苦的方式送走病人。英美一些國家的臨終關懷機構都指出，如果能加強指導與關懷，化解臨終期病人的抑鬱心情，再配合適當的止痛藥，絕大部分有求死念頭的病人都會回心轉意，不再認為接受安樂死是尋求了結的唯一方法。

死的可能突顯生的珍貴

現代意義上的安樂死，一方面要發揚人道主義，充分尊重患者個人選擇死亡時機與方式的權利，以及人的尊嚴；另一方面又不得不遵背神聖的醫道（也是人道主義），以助死手段加速病人生命的結束。而臨終關懷雖然更接近安樂死的原旨，更具人道色彩，更易為人們接受、推行，但因為具有一定的局限性，未必對各類晚期患者都能有效地解除身心病痛。而目前的安樂死，其複雜性和難度就在於此，對之作深入的思考及研究甚為必要。然而，若我們在研究目前的安樂死的同時，使人類原先指望的善終。「幸福的死亡」作為大多數人能夠實現的人生歸宿，豈不是更有意義，更具人道的光輝！

也許，對安樂死思索更重要的意義，由此進一步瞭然和把握生命和死亡的本質內涵。還應瞭解和樹立類似西方人提出的「向死而存」、「向死而生」的思想。一般人在年青時，總認為自己有的是時間，死亡離自己很遠，到老了驚然回頭，發現時間真是「白駒過隙，瞬間即逝」。年青時走在路上，前面有白首老人過來，總覺得老人很可憐，理應讓路，現在發現自己

也處在白首的行列之中了。

在西方，當代存在主義先驅海德格提出了「向死而存」的深刻見解，他從生與死的完整生命期中開發了死亡的本質意義。他認為：死是生的本質意義。唯有死的可能，才便彰顯出生的意義，包括存在與創造的意義；死亡是貫穿在生的歷程之中，死亡實際上不只是生命的終結，而是向死的存在，人一出生便有死亡伴隨著。用德國哲學叔本華的話來解釋，死如同睡眠，既是人生歷程的內驅力，又是需要不斷與之鬥爭的對象。海德格的「向死而存」思想實際上還蘊涵著向死而生的意義，即人不只是向死而存在著，生活著，人更是因死的可能及必然，而使生活更有意義，並更珍惜生活與生命。這深深地觸及了死亡的本質及生命的真諦。

無論是中國傳統豐富的生死觀，還是西方一脈相承的死亡哲學，都給予我們以莫大的啟示，使我們可以對人生作深刻的體驗；同時它促使我們充分認識「置之於死地而後生」的境界，因而去珍惜自己的生命。生存的一天，就應善行生命一天；生活一日，便應充實生活，去創造，去奮鬥，去賦予生活燦爛的價值。

在現實生活中，人們對待生活的方式，對待死亡的態度是各不相同的：兢兢業業、辛勤工作一生的有之；謹慎做人，積德行善的有之；愛惜生命的有之；醉生夢死、作賤自己生命的亦有之……顯然，沒有正確的生死觀，就不會有完善的人生觀，就無法堅定、踏實，目標明確地行走於人生旅途之上。

近幾日，一直陪伴我們的好朋友──馬蘭，因三年多來為腳纏身，於九月證實罹患了惡性纖維瘤後，於前幾日離開了我們。在馬蘭倒下的時，生命便進入倒數計時的狀況，經由媒體的報導，連小朋友都哭喊著：「馬蘭象象，可不可以不要走。」每當工作人員聽到馬蘭翻身時痛苦的慘叫，都不忍地紅了眼眶，到底人與動物也是有一層深厚的感情。

死如同睡眠，
既是人生歷程的內驅力，
又是需要不斷與之鬥爭的對象。

～死亡是身體的長期睡眠

在綜多考量之下，馬蘭的痛苦一開始已進行安寧療效的照顧，但卻未被允準使用「安樂死」的方式（雖然一般動物面臨此時都會施行「安樂死」），最後，馬蘭安群的離開，反而讓人們不忍見到牠接受「安樂死」而感到喝采，可說不需要用一些藥物來催促牠離開人世間。

我們可以看到，只要是有生命的存在，我們皆會去關切「到達死亡線前的這一段距離」。

安樂死的探討

安樂死(euthanasia)的英文拆字eu＝good，well＝好；thanatos＝denth 死。所以原意是好死，也就是死得沒有痛苦；平靜、安寧、無痛地死亡。

安樂死可分為自願的與非自願的（非自願安樂死通常視為讓移）；以及積極（直接的）與消極（間接的）。自願的且積極的安樂死，就是一般所謂「仁慈的殺君（Mercy Killing）」，例如，戰場上重傷士兵要求戰友補一槍以求解脫。消極安樂死是指消極的不作為而導致死亡。積極安樂死則是以積極手段了斷生命。

大體而言，一般人贊成安樂死的理由有三：

- 每一個人都應該有自由選擇的權利，包括自求安樂死的權利。絕症患者的決定是他的基本人權。與他人無礙，法律不應干涉。
- 醫藥科技的發達，能予以延長患者的生命，對其本人來說卻是一種痛苦，剝奪了他的生活品質，也增加了周遭人們的經濟及精神負擔。人的尊嚴因此喪失。
- 有些患者的痛苦極難忍受，也非其家屬所能承受，不讓他有選擇安樂死的權利，太過殘忍。

而反對安樂死的基本理由大約有下列四點：

- 「人類生命的神聖性」原理：人的生命絕對不可侵犯；不論在宗教上，歷史上均有根據。

- 准許安樂死，等於助長自殺與殺人的念頭，毫不符合人性的道理。
- 如果准許安樂死，會助長醫生、家屬或其他相關人士權利濫用，導致弊端而不可收拾；如以經濟困難的理由，去逼絕症的患者同意早死之類。
- 醫生誤診的情況，如非絕症誤診為絕症，而助患者安樂死，豈非主動殺人？又如讓患者安樂死後不久，即有了新式療法或新藥品的出現，豈非後悔莫及？

故對於安樂死的態度；現代人的思潮會逐漸強調個人的自立權利與死亡的尊嚴權利。但並不等同於，我們對於安樂死可以完全放任不管。在道德上及法律上仍有其約束力，更重要的是：生命只有一條，人生不能重新來過，即宗教上有輪迴或復活的說法，也不能再活一次今生，認真的活才有美麗的人生，活在當下，能不好好地過完此生嗎？社會福利的加強，法律的修訂都不如每個人重視自己的生命品質，規劃生活，有尊嚴地走完我們的人生之路來得重要。

安寧療護——從治癒轉為照顧

安寧療護的根本概念是達到病人所想要的生活方式的照顧模式。藉由紓解病人身體的痛苦症狀，加上心理及靈性的協助，提昇病人生活品質，安詳尊嚴地走完人生最後一程。所以安寧療護強調「安樂活」而非「安樂死」，要做的第一件事，就是預防發生會讓病人希望安樂死的情況。

如何照顧病人也是一門學問，雖然，在這過程中可以看到家屬遇及病人突如其來的陣痛而心痛不已，也為病人的嘔吐、咳血而驚訝失聲，這便是家屬棘手的問題，在安寧療護院，有專業的醫護人員、社會義工及一些服務單位的幫忙，照顧病人更是完備多

了。

安寧療護的特性包括：

- 疾病無法治癒，只能針對症狀作緩和治療，而非治癒性治療。
- 人日漸衰弱，可能盲迷，對外界事物反應差。
- 死亡過程中病人有恐懼、焦慮等反應，會影響其行為，須給予情緒、靈性的支持。
- 死亡過程為漸進的，而非突發的，處理上有特殊倫理議題。

安寧療護重視照顧與舒適，因此需建立良好的醫病關係，目標從治癒（cure）轉移為照顧（care）。在症狀控制方面是預防與控制並重，需預測其症狀發生且預防之，其次控制發生率及強度。任何檢查與治療之原則為「兩害相權取其輕，兩利相權取其重。」利害衝突擇其中。

在安寧療護中，有效溝通極為重要，會影響信賴與合作。所有對病人的處置都必須先告知病人，待其同意之後，才可以實施，而病人隨時可以改變決定。因為病人極為虛的，較容易接受建議，而同意接受他不完全瞭解的研究或治療計畫，所以除了確定病人完全瞭解之外，還須讓家屬瞭解並同意。

誠信原則是處理之根本，也是醫病關係之重要因素。誠信告知則需要有技巧。病人該如何被告知及誰去告知？此問題需要專業人員共同合作。病人應被告知他需要及想要知道的！在安寧療護中，我們應該記住：「我們只能偶爾治癒疾病，經常可以解除痛苦，但永遠可以給予安慰。」

而安寧緩和條例，是為了保障末期病人，免受醫療上不必要的傷害，而能善終。在美國，他們稱之為自然死。意思是說，當人罹患的疾病進展到末期時，死亡的發生是可以預料的，病人便可依自己的自主願望，簽署不急救同意書，以及接受安寧療護同意書。藉著法律的保障，減去病人被醫療過度的處置，承受不必要的痛苦與傷害。

安寧療護重視照顧與舒適，
因此需建立良好的醫病關係，
目標從治癒(cure)轉移為照顧(care)。
在症狀控制方面是預防與控制並重，
需預測其症狀發生且預防之，
其次控制發生率及強度。

～死亡是身體的長期睡眠

　　台灣目前遇到的問題，不是病人需要一個方法來
讓他們死，而是一個方法，不要讓他們死得太慘，死
得沒有尊嚴，被強行給予醫療維生系統：氣切插管、
強心劑、急救。這些措施並不能真的救回病人，它的
價值僅於急診室的醫師認為他盡責了。急救後沒有多
久，病人還是會死亡。

　　安寧療護是重視生命的，它的設立與存在就是因
為不希望末期病人，因為病苦和需求無人照顧及關
心，而走向自我了結一途，也不希望生命走到最後只
是受盡折磨。

　　生命絕對重要，我們無法預料是否能延長生命，
但我們堅持不拖延痛苦。

　　回想起一位慈祥的祖母容貌，我為她的病情放心
多了，每次她總會向其他人敘述她少年時代的初戀，
看她認真的眼神，我想，她是恨不得我們拿起筆將她
的口述之詞寫成歷史。

　　她靜靜的觀看生命之無常，「與其排斥，不如正
面迎對」的心態，反而讓她的病情有所起色，眼神也
愈漸有神，我一直認為那是一種迴光返照的現象，雖
然，不久之後她仍是離開人世間，但她在生前努力做
好的工作，我現在才知道—那是留給世間一個可貴慈
祥的笑容。

　　所以安寧療護是項藝術性的工作，而真正助人的
素養人員，是不能忽略人的感受、需求及想法。對於
所照顧的對象的需求，不是把專業人員的猜測、想
像、評斷當作事實，我們所能接觸的只是人的一個切
面，絕非全面，所以許多的疑慮、擔心和解讀，都需
要和對方澄清與核對。

　　追求運用創意和不僵化的方法，來認識病人及家
屬，與他們建立信任關係，獲知他們內心深層的需
要，為他們創造一個優質環境：一個能提供尊重他們
的自我決定力，並賦予他們應有權利的社會環境。

醫療決定是指單純的醫療處理，例如，細菌感染需要使用抗生素，意外傷害需要緊急處理等。但是只要一牽涉到倫理決定，就很難有標準答案了，例如，墮胎、植物人、器官移植等問題。在癌症末期病人，任何一種醫療問題都會牽涉到倫理考量，該不該治療是醫療決定，但是要不要治療就是倫理決定了。

倫理決定必須考慮以下原則：

- 須照顧到病人自己的意願，也就是要尊重其醫療決定上的自主權。
- 須照顧到病人本身的利益：病人是「生不如死」？或是為了「捨身救家」？
- 必須照顧到病人親屬的意願。
- 必須照顧到國家現行的法律：美國有「自然死亡法案」，台灣還沒有。
- 必須照顧到醫者自身的尊嚴：尊重「醫事專業倫理」。

就某些人而言，由於害怕自己的偉大（某一高層次的壓力），於是，將會對命運進行逃避的動作，我們不難理解，人們其實是害怕死於經驗，同時，也由於虛弱、不安、無安全感，甚或是恐懼而顫慄不已。

自然死與尊嚴死

自然死亡是指依病人的意願，不使用高科技的維生方式，來拖延不可治癒病人的瀕死期，而病人自然死亡。要造成自然死亡的需求，必須有相關法令配合。如所謂「預立遺囑及手卷」（Living Will）：病人在意識清楚或健康時，以法定文件簽下，若一旦罹患絕症瀕臨死亡，願意接受或不接受哪些醫療行為的昭示。此外還有「預立醫療代理人」：當事人可指定某人，在他自己喪失心智能力無法決定醫療措施時，代替他行使決定權。以上做法在國內尚未立法通過。

所謂「尊嚴死」，並不如所想像的那麼容易。也就

是五福「壽、富、康寧、修好德、考終命」中的最後一個──因命終安詳而死。尊嚴死除了要有善終的面相，還要讓親友覺得尊嚴與光榮。連大修行的人都難免凶死，何況你我都只是凡夫俗子，真的是「可遇而不可求」。

我們一直不能理解：人的人格是一種神經症的結構，剛好位於人性的核心，正如帕爾斯所云：「死而再生，談何容易」，「不容易」正是因為，人身上需要死掉的東西（例如細胞）是如此之多。

蘇絢慧──感受死亡溫度的社工師

安寧病房是怎樣的地方？來到這裡的人，死亡很快就會發生；那些在安寧病房工作人，特別是照顧病人情緒與社會需求的社會工作人員，看著一齣齣關於生死的戲碼在面前上演，會有什麼樣的感受與思考？

蘇絢慧，一個取得專業認證的社工師，在安寧療護中心工作。這份工作是病人與社會支援系統之間的橋樑；工作範圍從瞭解病人的需求，為病人尋求醫療費用的資助、擔任病人與醫院之間甚至與家屬之間的溝通管道，到安撫病人情緒等等，她要告訴大家：「死亡並不像我們所想的毫無益處，陪伴臨終病人也不是一件使人恐懼的事情。」

來到安寧病房的病人，是醫生判斷已無法再經由醫療方式，而延長生命的病癌末患者。一般來說，病人預期能擁有的時日已不多。而安寧療護的本意，在於讓癌末病人維持尊嚴，讓他們不必忍受醫療痛苦，可以平靜地直到生命末了。為了不增加病人的痛苦，甚至製造傷害，不舒服的檢查能減少就減少，能用吃的藥就不要用注射的，而能不吃藥就不吃藥。

蘇絢慧每天面對臨終病人及病人家屬，感觸太深。不知從何時開始，她發現：「四周活得好好的人，並沒有感受到生命的美好，而躺在病床上的臨終

189

生命總會
找到出路

病人，卻感嘆自己已沒有機會去感受生命的美好。」

她在將逝的病人身上，看見各種對待生命的方式，有人感嘆於不曾擁有豐富的一生，有人悵然領悟過去的荒唐，有人安然接受上天的安排，卻也有人漠然以對。她看見，家屬對於死亡的恐懼、驚慌、不甘、壓抑，是如何犧牲了病人在最後時日原可獲得的安靜與自在。

但她也看見，有些病人以行動展現出家人的眷戀與真愛。比如有位男病人，在僅存的幾個星期中，為兩個稚子寫生日卡片，每年寫一張，寫到他們二十歲的生日。有些家屬以創意和耐心陪伴著病人，比如有位女病人已無法用言語表達意思，她先生製作注音符號板，一個符號一個符號指著，以此確認妻子想要說的每一個字。

在安寧病房中，死亡有聲音，說出一個個病人和家庭的故事；在這裡，死亡有溫度，讓人感受到人間的清冷與溫暖；在這裡，死亡根本是空氣，看不到，然而無所不在，正如蘇絢慧所出版的病房手記的書名《死亡如此靠近》。她把她所照顧過的每個病人的故事寫下來，好讓自己記住他們的笑與眼淚，並紀念他們的智慧與勇氣。她覺得病人們教導她的，遠比她能給他們的來得多；因為「他們像極了勇士去面對死亡，嘗試告訴活著的我們，死亡城的樣子？及如何跨越之道。與他們生活，與他們相處的日子，她未曾因死亡的發生，而使自己看輕生命，或使自己整日意志消沈，反而，總是學習如何面對生活，調整自己的生命態度及珍惜自己所擁有的。」

她也在書中提出了她在安寧療護方面的心得，希望能藉此呈現病人真正的想法及需要，因為病人的心聲需要得到醫者與家屬的理解與接納。對於思考死亡這個課題而言，是貼近現場的專業意見。

在工作中，病人的信賴與真情流露使蘇絢慧得到滿足。然而，愈是投入工作，她卻愈是發現到課題與限制。安寧療護的理念引進台灣已十餘年，但社會大

> 在安寧病房中，
> 死亡有聲音，
> 說出一個個病人和家庭的故事；
> 在這裡，
> 死亡有溫度，
> 讓人感受到人間的清冷與溫暖；
> 在這裡，
> 死亡根本是空氣，
> 看不到，
> 然而無所不在，
>
> ～死亡是身體的長期睡眠

眾對於它的認識還不盡完整，以為它具有魔力，病人只要住進了安寧病房就可立即超脫，排除一切情緒困擾。這種說解，使得許多人對安寧療護和社工師抱持著過高的期待，往往在期待落空時，造成挫折感。

此外，她也常常不得不在兩種態度之間拔河；身為大醫院的一員，她對所屬醫院的制度與要求必須有所回應，然而，很多時侯，那會和希望儘可能保有病人僅存的生命品質的安寧理念起衝突。此時，如何以病人為念？如何做到真正以人為本？她總是要在矛盾中抉擇。

現在的她想著，自己該如何走下去，才會對人群更有幫助？她還沒有一個答案。

但是，她說：她不會棄守。年幼時即遭遇至親過世的蘇絢慧，對於「死亡」這件事有深刻的親身體會。是「那些過去無法告別的遺憾與痛苦，對死亡的疑惑與尋找」，將她推向安寧療護，使她決定用全心照顧醫院終者與喪親者。有了安寧病房工作經驗，她會繼續走在臨終關懷，悲傷治療的這條路上。

美奧勒岡州尊嚴死法的爭議

美國司法部長艾許克羅衝著美國西部奧勒岡州公民兩度表決通過的尊嚴死法（Death with Dignity Act）開刀，准許聯邦緝毒局官員對開立致命藥物給末期病患，協助他們自殺的醫生採取法律行動，堅信此條是艾許克羅對「全國來福槍協會」讓步後，再次拉攏保守陣營的社會政策。

奧勒岡是全美唯一允許病患在醫師處方協助下，安樂死的州。根據尊嚴死法，奧勒岡州末期病患若被兩位醫師認定活不到半年，且心智清楚地決定要結束自己的生命時，可以向醫師要求開立致命藥物處方，不過醫師只負責開立處方，不負責執行。

該法自一九九七年生效以來，至少七十人請醫師

開藥方，協助他們結束生命。另有更多人拿了致命藥方之後，還來不及注射或服用便自然歸天了。

不過艾許克羅寫了一封信給緝毒局，授權幹員對開立致命藥方給末期病患的醫師，採取行動，如吊銷執照等。艾氏說，開立大麻或嗎啡等處方協助病患自殺的做法觸犯聯邦法的「合法醫療用途」。

艾氏此舉推翻了前司法部長李諾女士在一九九八年的決定，並形同封殺奧勒岡醫師援引尊嚴死法，開立毒品協助病患自殺。李諾一九九八年推翻前緝毒局局長康斯坦下的決定，指出聯邦法的目的，絕不是為了規劃醫療行為。

而奧勒岡官、民、聯邦眾議員，也普遍對艾氏的做法感到不滿，認為枉顧該州選民的意願。奧勒岡檢察總長邁爾已向聯邦法院提出申請，要求對艾氏的行政令下達暫時禁制令。到底州法可否推翻司法部長的行政命令或反之亦然，勢必在法院引起一番舌戰。

艾氏係根據聯邦最高法院的裁決，向聯邦緝毒局下達指示。裁決書指出，聯邦藥物法未允許大麻用於醫療之途，作為緩和愛滋病與癌症等病痛。但最高法院並未推翻各州允許病患基於醫療理由使用大麻的法律，只是為了讓病患不易取得大麻，否決病患「出於醫療需要」之理由，規避聯邦藥物法的規定。

生命有時而盡

我們是在什麼時間，才意識到死亡這一件事？

回過頭去想一想，也許每個人都不一樣，不過一旦開始體會到生命是屬於你自己的，對於死亡的概念就會模糊成形。

那何時會瞭解生命是屬於個體自己的？

那是在你看見死亡的時候。也許是祖父母將死的時候，你看見在一旁哭著的父母叔伯，大家都無能為力。因為生命是別人不能幫著活的，家人同聲一哭，

還是無法改變這個生命即將結束的事實。

因為別人的生命是他們自己的，所以你的生命就是你自己的，每個人對於自己的所有物自然會有處置的心理，唯獨對於生命即將結束的方式，很難去料理應當如何處置，於是死亡成為難題。

米蘭昆德拉在《笑忘書》的第六部裡說：「死亡有雙重意義，一面是無形的，另一面是那可怕的有形，就是屍首。」

也許你誤以為可怕的有形是指屍體的恐怖，人人怕看見屍體，但是這種怕、厭惡、輕率以待的心情，才是昆德拉所指的，死亡有形的恐懼。

如果人死後是無意識的，也許頭被拖在地上撞來撞去不是那麼重要。

我們只是害怕死亡不是終點。

如果死亡不是終點，要走到哪裡去呢？試想你渡河到冥界，遇見一群有魔鬼的笑的小天使，一面看著人世間的你，頭被拖在地上撞來撞去。

這才是死亡可怕的地方。

人的一生中，死亡也許不算可怕，更為可怕的東西應該是「真正的絕望」，不難想像那將是指希望破滅，此對人生而言，豈不是一種殘忍嗎？雖然，死是人特有的最大焦慮，但我們得清楚一點，即是「希望的存在，生命才會有意義」，否則，光是沒有希望而活著，這和空軀殼是沒有兩樣的。

用自己的方式向生命道別

「我突然明白此生再也見不到你了……，最後的一次擁抱，擁抱是為了分離……。」八○年代，當時旅居紐約的女作家曹又方，在描寫一段發生在海外的短暫戀情的短篇小說「送君千里」裡寫下了這段略帶感傷的文字。

跟熱愛的人生說再見，那種痛楚當然不下於跟所

人的一生中，
死亡也許不算可怕，
更為可怕的東西應該是「真正的絕望」，

～死亡是身體的長期睡眠

　　愛的人情感撕裂。

　　文采與美一樣絕倫，年近六十還被譽為「文壇維納斯」的曹又方，在二○○一年十二月五日別出心裁舉行了一場「快樂生前告別式」在忌談死亡話題，對於葬禮形式一向潦草的寶島，堪稱創舉。

　　著名的波蘭女詩人辛波綠卡寫於一九八六年的「葬禮」詩作，用了三十五句毫無相關的荒謬日常對白，幽默地描述蕭穆葬禮上生者幾近搞笑的喧嘩吵鬧，對於每個人經常不得不出席甚至遲早要親身經歷到的「葬禮經驗」，做了驚心的提醒。

　　誰會是向告別式的嘉賓？誰會為你留下不捨的淚水？誰又會是真正瞭解你而且完全尊重你最後遺言的人？你的葬禮上要放什麼樣的音樂？你真的要穿上那毫無個人特色，剪裁絕對不合身的壽衣，作為你在世的最後形象嗎？

　　曹又方的生前告別式，的確對每個健康或不健康的人，拋出了許多不得不令人深思的問題。

　　已逝的西班牙導演布紐爾，在他的自傳裡的最後一個章節，即虔誠地祝福自己能有一個「緩悅的死亡」，他不否認自己有時也想要像他一個好友，在玩撲克牌時，突然死亡，但是如果真能選擇，他還是希望有更從容的時間，提早跟一些人，或非常喜歡的地點或是山岳、河流、雲霧一一道別。

　　死亡是必然的，道別的方式卻未必只有一種。還記得二○○○年底逝世的大陸網路作家陸幼青傾洩他最後的一點氣力，在他死亡前的一百多天用電腦逐步敲下了他的「生命的留言—死亡日記」，在他死亡之後，大陸網路「榕樹下」還為他舉行了一場前所未有的網路葬禮。

　　如同陸幼青向自己所說的，他對於這種絕境中的歌唱會如此美麗感到驚訝，用文字記錄自己還活的時候，按照自己的自由意志有意識地看別人生，也確實是一件無憾且美好的事。

　　能夠顛覆世俗傳統規範，在有生之年參加自己的

葬禮，並且親自跟好友家人相擁告別，顯然越來越是大家的夢想。一九九三年二月二十日，日本的藝能界人士水江瀧子，在她七十八歲生日那天舉行了一場「在世的告別式」，二○○一年十二月五日，台灣文壇女作家曹又方，也在她六十歲之際，舉行了一場歡笑聲與淚水交加的「快樂生前告別式」，對人生作出美麗的告別，而今年八十二歲的女醫師莊淑旂（暢銷書《怎樣吃最健康》的作者，1986年，文經出版社）也在她剛出版的回憶錄中表示，她正在思考這樣的告別式對她是否合宜。

在朋友眼中向來特立獨行，從不放棄主導自己生命一切的曹又方，在她的臨別派對中，清清楚楚地讓她的好朋友看見了她至死的堅持：「好好地活，也要好好地死，死亡，可以是一個完美的句點。」

安寧療護也可走得有尊嚴

癌症末期病人應該如何走過人生最後一段路？這個問題的決定權當然在個人身上，但接受醫院提供的安寧療護成居家安寧療護，以「不痛苦」、「有尊嚴」的方式告別人生，應該是比較好的做法。

醫學有其極限，當各專科醫師或病人自己覺得積極治療已經沒有實質助益，反而應該認真面對死亡問題時，轉而接受安寧療護是值得考慮的。安寧療護的最高醫療方針是減緩病人的痛苦，絕非完全不治療，例如，若病人的腫瘤壓迫到呼吸道產生呼吸困難情形，讓病人接受化療縮小腫瘤可以大幅減輕痛苦時，還是會評估讓病人接受化療。

並非所有癌末病人都需要住在醫院的安寧病房，當疼痛獲得控制或病人體力狀況許可，就可以回家享受家庭生活，當然也可以做自己喜歡的事，而且許多醫院都設有居家護理服務，可定期到病人家中協助，如果狀況變差，再回到醫院做必要處理。

好好地活，
也要好好地死，
死亡，
可以是一個完美的句點。

～死亡是身體的長期睡眠

但癌末病人不宜完全脫離醫療體系，因為如果是單身一人，獨自生活將面臨病重時無人援助的困境；就算有家人，家屬面對病人嚴重的嘔吐、疼痛等狀況，也會無所適從。

交代身後事，坦然面對死亡

生與死是一種現象，也是從古至今人類所關心的問題，對於生充滿喜悅，卻不願碰觸死亡這件事。

死是遲早要面對的人生大事，人的死亡代表個體生命告一段落，也是個體社會關係宣告結束的時候，告別式的目的在向至親好友宣告個體生命已經結束，回顧個體生前留下的點點滴滴，但告別式總是在人往生由親友代辦，卻往往流於粗俗、浮誇，哀傷氣氛淹沒在電子琴花車聲中。因此生前告別式，親自告訴大家其來日不多，彼此把握最後相處時刻，大家不必很悲傷，而以正面態度，面對死亡亦可在遺囑中交代家人往生後的告別式，其所要的品味與風格。

完整的生命歷程包含生與死，特別是在二十一世紀的台灣，正邁向一個低生育率，低死亡率的人口老化社會，隨著國民生活水準的提高，對於生、老、病、死的品質要求日殷，但一般人歡喜迎接新生命的到來，面對死亡卻總是充滿惶恐。

「其實死並不可怕，最怕的是生不如死」，美國著名精神醫學及死亡學專家依莉莎白庫不勒羅絲曾針對二萬名瀕臨死亡的病人研究，歸納一個共通點就是人死後進入另一個世界，這個世界有時是愉快的，人如果從心理、哲學、醫學、宗教等層面思考會發現死亡並不一定是終結，而是另一個階段的開始。

生命的脆弱，我們怎忍心輕易放棄呢？我們可以看到一蟬對生命的渴望，在十年的等待之後，才足以讓它感受到生命的呼吸，所以，當我們在叢林樹梢間聽到它的唱鳴，應為它的誕生而感到無比喜悅。

　　蟬那努力的叫聲可以讓我們感受到它努力的活著，像似烏鴉企圖要叫破那緊閉的喉嚨一般。

1.你希望你的死亡終點在哪裡？進而化為什麼？

2.一天當中有許多脆弱的生命——離 開世間，此時你有何感受？你會更珍惜生命嗎？

3.以你的看法，「安樂死」屬於「自殺」的一種行為嗎？為什麼？

4.你曾有照顧病人的經驗嗎？從這照顧的過程中，你學到了什麼？感受、思考了什麼？

5.在你的觀點裡，怎樣才叫做「尊嚴死」？

6.你希望在你死之前，能做一個怎麼樣的人生謝幕？

生命總會找到出路

106-□□
台北市新生南路3段88號5樓之6

揚智文化事業股份有限公司　　收

□□□-□□
地址：　　市縣　　鄉鎮市區　　路街　段　巷　弄　號　樓
姓名：

葉子
Leaves
Publishing

書號 L1101　　書名 生命總會找到出路

葉子出版股份有限公司

讀・者・回・函

感謝您購買本公司出版的書籍。
為了更接近讀者的想法，出版您想閱讀的書籍，在此需要勞駕您
詳細為我們填寫回函，您的一份心力，將使我們更加努力！！

1.姓名：＿＿＿＿＿＿

2.性別：□男 □女

3.生日／年齡：西元＿＿＿＿ 年＿＿＿月 ＿＿＿日＿＿歲

4.教育程度：□高中職以下 □專科及大學 □碩士 □博士以上

5.職業別：□學生□服務業□軍警□公教□資訊□傳播□金融□貿易
　　　　　□製造生產□家管□其他＿＿＿＿＿＿

6.購書方式／地點名稱：□書店＿＿＿＿□量販店＿＿＿＿□網路＿＿＿＿□郵購＿＿＿
　　　　　　　　　　　□書展＿＿＿＿□其他＿＿＿

7.如何得知此出版訊息：□媒體＿＿＿□書訊＿＿＿□書店＿＿＿□其他＿＿＿

8.購買原因：□喜歡作者□對書籍內容感興趣□生活或工作需要□其他

9.書籍編排：□專業水準□賞心悅目□設計普通□有待加強

10.書籍封面：□非常出色□平凡普通□毫不起眼

11. E - mail：＿＿＿＿＿＿＿＿＿＿＿＿＿＿＿＿＿＿＿

12.喜歡哪一類型的書籍：＿＿＿＿＿＿＿＿＿＿＿＿＿＿＿＿＿

13.月收入：□兩萬到三萬□三到四萬□四到五萬□五萬以上□十萬以上

14.您認為本書定價：□過高□適當□便宜

15.希望本公司出版哪方面的書籍：＿＿＿＿＿＿＿＿＿＿＿＿＿

16.本公司企劃的書籍分類裡，有哪些書系是您感到興趣的？
□忘憂草（身心靈）□愛麗絲（流行時尚）□紫薇（愛情）□三色堇（財經）
□ 銀杏（健康）□風信子（旅遊文學）□向日葵（青少年）

17.您的寶貴意見：
＿＿＿＿＿＿＿＿＿＿＿＿＿＿＿＿＿＿＿＿＿＿＿＿＿＿＿＿＿

☆填寫完畢後，可直接寄回（免貼郵票）。
　我們將不定期寄發新書資訊，並優先通知您
　其他優惠活動，再次感謝您！！

Leaves
Publishing

根
以讀者爲其根本

莖
用生活來做支撐

葉
引發思考或功用

果
獲取效益或趣味